• Guias Ágora •

Os Guias Ágora são livros dirigidos ao
público em geral,
sobre temas atuais, que envolvem
problemas emocionais e psicológicos.
Cada um deles foi escrito por
um especialista no assunto,
em estilo claro e direto,
com o objetivo de oferecer conselhos e
orientação às pessoas que
enfrentam problemas específicos,
e também a seus familiares.

Os Guias descrevem as características gerais
do distúrbio, os sintomas, e,
por meio de exemplos de casos,
oferecem sugestões práticas que ajudam
o leitor a lidar com suas dificuldades
e a procurar ajuda profissional adequada.

Dados Internacionais de Catalogação na Publicação (**CIP**)
(Câmara Brasileira do Livro, SP, Brasil)

Simmons, Rochelle
  Estresse : esclarecendo suas dúvidas / Rochelle Simmons ; [tradução ZLF Assessoria Editorial]. — São Paulo : Ágora, 2000. — (Guias Ágora)

Título original: Stress.
Bibliografia.
ISBN 85-7183-708-2

1. Administração de estresse 2. Estresse (Psicologia) I. Título. II. Série.

99-5076   CDD-155.9042

Índices para catálogo sistemático:
1. Estresse : Psicologia   155.9042

Compre em lugar de fotocopiar.
Cada real que você dá por um livro recompensa seus autores
e os convida a produzir mais sobre o tema;
incentiva seus editores a encomendar, traduzir e publicar
outras obras sobre o assunto;
e paga aos livreiros por estocar e levar até você livros
para a sua informação e o seu entretenimento.
Cada real que você dá pela fotocópia não autorizada de um livro
financia o crime
e ajuda a matar a produção intelectual de seu país.

Estresse

Esclarecendo suas dúvidas

Rochelle Simmons

ÁGORA

Do original em língua inglesa
STRESS
Copyright © 1997 by Rochelle Simmons
Primeiramente publicado na Grã-Bretanha, em 1997,
por Element Books Limited, Shaftesbury, Dorset.

Tradução:
ZLF Assessoria Editorial

Capa:
  Ilustração: Max Fairbrother
  Finalização: Neide Siqueira

Editoração eletrônica e fotolitos:
JOIN Bureau de Editoração

Proibida a reprodução total ou parcial
deste livro, por qualquer meio e sistema,
sem o prévio consentimento da Editora.

Nota da Editora:
As informações contidas nos Guias Ágora
não têm a intenção de substituir
a orientação profissional qualificada.
  As pessoas afetadas pelos problemas
aqui tratados devem procurar médicos,
psiquiatras ou psicólogos especializados.

Todos os direitos reservados pela

Editora Ágora Ltda.
Rua Itapicuru, 613 – cj. 82
05006-000 – São Paulo, SP
Telefone: (11) 3871-4569
http://www.editoraagora.com.br
e-mail: agora@editoraagora.com.br

Ver um Mundo em um Grão de Areia
E um Paraíso em uma Flor Selvagem
Segurar o Infinito na palma de sua mão
E a Eternidade em uma hora.

William Blake

Com agradecimentos sinceros a Barry, Carlos, Kirsten e Naomi, pela ajuda e apoio, e a todos os meus alunos e pacientes que tanto me ensinaram.

Para Marianna

Seu mundo está repleto de maravilhas,
pois ela o vê pela primeira vez.
Que seja sempre assim.

Sumário

Introdução 9
1. O que é estresse? 13
2. A natureza do estresse 24
3. Você se conhece bem? 30
4. Corpo e mente 40
5. A conversa interior 54
6. Introdução às técnicas de relaxamento 67
7. Responsabilize-se por sua respiração 79
8. Relaxamento profundo 90
9. Controle do estresse 103
10. Controle do estresse funcional 115
11. O caminho à sua frente 129

Leituras complementares 151
Índice remissivo 153

Introdução

A imagem freqüentemente associada à vida estressante é aquela do alto executivo viajando em seu jatinho pelo mundo, comparecendo a inúmeras reuniões e tomando decisões rápidas. A verdade é que o estresse apresenta dificuldades para as pessoas em qualquer posição social: pessoas de negócios e profissionais, o empregado e o desempregado, estudantes, pessoas envolvidas com a casa e a família. O estresse pode resultar de pressão excessiva, ou do tédio, ou da falta de rumo. Portanto, este livro se destina aos extremamente agitados, aos que bloquearam seus sentimentos, às pessoas ocupadas e às que estão sem estímulo.

As pesquisas agora estão demonstrando os efeitos que o estresse pode ter sobre a saúde. Pessoas que vivem com altos níveis de tensões não resolvidas podem estar acumulando doenças crônicas invisíveis (DCI). Já foi comprovado que reações inadequadas de raiva extrema podem fazer uma pessoa desenvolver uma doença coronária. A tensão pode estar relacionada com a alta pressão sanguínea, pode afetar o sistema imunológico e o ritmo da cura e pode provocar falta de sono ou fadiga. Pessoas superestressadas freqüentemente percebem que seus relacionamentos ficam afetados e que seus níveis gerais de eficiência diminuem.

Há um interesse crescente em entender as técnicas para enfrentar o estresse, e cursos sobre o tema estão surgindo nos centros de educação de adultos, ajudando cada vez mais pessoas a ter um controle ativo sobre seus níveis de estresse. Muitas companhias estão começando a perceber que seus funcionários são mais produtivos quando se sentem capazes de lidar criativamente com o estresse e, em conseqüência, estão sendo realizados cursos nos locais de trabalho.

As páginas seguintes podem ser usadas como um guia para tais cursos, embora tenham sido escritas a princípio para indivíduos, sua família e amigos. Talvez você resolva reunir um grupo e dedicar um tempo regular para realizar as atividades sugeridas e discutir as questões colocadas nos *boxes* por todo o livro.

O livro começa ajudando você a reconhecer quando o estresse está complicando sua vida. Depois oferece duas maneiras de atacar o problema: controle do estresse físico e administração do estresse. As técnicas de relaxamento ensinarão a entender as reações físicas ao estresse. Você aprenderá as técnicas gerais de relaxamento, depois as maneiras de aplicar essas habilidades para lidar com o desconforto físico e emocional. Se quiser se concentrar principalmente nessas habilidades, elas se encontram nos Capítulos 6, 7 e 8. (Se não quiser aprender as técnicas de relaxamento, então poderá pular esses capítulos.)

Os capítulos que tratam da administração do estresse lhe darão a chance de se ver como uma personalidade e examinar seu estilo de vida. Você trabalhará para conseguir um equilíbrio confortável em sua vida, examinará maneiras de lidar com a sobrecarga e como dizer "não" sem culpas. É a oportunidade de examinar mecanismos de planejamento e enfrentamento que podem ser elaborados sob medida para suas próprias experiências de vida.

Minha ênfase está em trazer a alegria de volta à sua vida. As pessoas estressadas tendem a se levar muito a sério e a se martirizar à toa. Recuperando nosso senso de humor e mudando nossa percepção, tarefas trabalhosas podem tornar-se desafios ou jogos, e podemos resgatar a criança dentro de nós. Podemos começar a encarar a vida como uma aventura, e não como algo monótono e cansativo. Nem sempre somos capazes de mudar o que acontece em nossa jornada diária, mas podemos mudar como nos sentimos a respeito desses acontecimentos e como reagimos a eles.

O ser humano é uma bela máquina e é preciso que a deixemos funcionar como deve. Quando estamos tensos, atravancamos seus mecanismos; muitas vezes cuidamos melhor de nosso carro do que de nós mesmos! Portanto, vamos ter como propósito entender o que está acontecendo em nossa vida. Quando temos a percepção correta das coisas, conseguimos fazer escolhas, podemos ter como objetivo ser um mecanismo possante, macio, bem lubrificado e eficiente. Ao dominar o estresse em nossas vidas, podemos fazê-lo trabalhar para nós, transformando um amo severo em serviçal útil.

CAPÍTULO 1

O que é estresse?

A CAIXA DE FUSÍVEL

Quando as pessoas estão superestressadas e cheias de tensão, podem querer desesperadamente fazer alguma coisa sobre isso, mas não sabem por onde começar. Podem ranger os dentes e continuar a batalha, ou podem recorrer a métodos inadequados para tratar o problema: o armário de remédios, o bar ou o maço de cigarros. Algumas vezes, prendem-se a um comportamento compulsivo: mais trabalho, malhação frenética, farras de consumo.

Muitas vezes demoram a compreender o que está acontecendo. Se isso se aplica a você, eis alguns sintomas que podem ajudá-lo a reconhecer se está sob pressão:

- demora cada vez mais para fazer um trabalho;
- aumento de lapsos de memória e acidentes;
- maior agitação, ansiedade ou perda do controle;
- cansaço, alterações do sono;
- nenhum tempo para si mesmo;
- moral baixa.

COMO DEFINIR O ESTRESSE

Quando peço às pessoas para definirem o estresse, a maioria me dá exemplos, e não definições. Falam de tentar equilibrar muitas tarefas; de ter que atender a um número maior de demandas do que seu tempo permite; de ter que continuar fazendo as coisas mesmo quando se sentem mal ou com dor; de ter que cuidar da casa enquanto os alicerces estão caindo.

O que esses exemplos têm em comum é que todos exigem que nos adaptemos às demandas que nos são impostas. Portanto, estamos caminhando para uma definição. Que tal esta?

Estresse é a reação do corpo a qualquer demanda que lhe é feita.

Sim, isso é certo, mas precisamos de mais. Nós temos um desejo incorporado, tanto física quanto emocionalmente, de estar em estado de equilíbrio. Em outras palavras, precisamos nos adaptar a fim de enfrentar os problemas e nos sentirmos mais confortáveis. Portanto, temos um aumento de demanda para o reajuste. O estresse, então, também tem a ver com a adaptação para restabelecer a normalidade.

Podemos, agora, ampliar nossa definição:

Estresse é a reação de adaptação à qualquer demanda feita a uma pessoa. Requer um reajuste para restabelecer o equilíbrio normal.

ESTRESSE OU AFLIÇÃO?

Os exemplos que as pessoas dão tendem a ser sempre desagradáveis. Elas descrevem a aflição. Porém, os estressores (é esse o nome que damos aos causadores de estresse) podem ser agradáveis ou desagradáveis. Quer seja divertido ou um horror, o estresse continua sendo uma pressão. As demandas sobre a pessoa e a necessidade de adaptação continuam as mesmas, e apenas a profundidade e o número de estressores afetam a capacidade de enfrentá-los.

O estresse prazeroso é excitante; logo, tendemos a não reconhecê-lo facilmente. Mas, se ele for demais para nós, podemos também nos sentir pressionados. A aflição é horrível; portanto, nos concentramos nela com angústia, sentimos pena de nós mesmos, ficamos com raiva e infelizes, e assim aumentamos ainda mais o nosso sofrimento. Às vezes nos fazemos realmente passar por péssimos momentos! Precisamos lembrar que, agradável ou não, o estresse está consumindo nossos recursos físicos e emocionais.

Existem quatro estágios em nossa reação:

- a reação de alarme (a estímulo rápido);
- a exaustão temporária (depois de uma demanda superficial);
- o estágio de enfrentamento (a longo prazo, o que nos desgasta fisicamente);
- a exaustão completa (acabam-se os recursos).

O gerente bancário poderia descrever isso assim:

- Michael tira dinheiro de sua conta corrente para cobrir uma conta inesperada.
- Tem um problema temporário de liquidez.
- Saca regularmente de investimentos que estavam numa conta separada.
- Já não tem mais nada e está na falência.

Temos, em vários graus, a capacidade de reunir nossas energias e "enfrentar a situação". A exaustão depois de uma demanda temporária é superficial e, se dermos um tempo para nossa recuperação, será reversível. Estar em constante estado de alerta, no entanto, é um problema diferente. Isso tira energia adaptativa de nossos estoques mais profundos. Essas são as reservas que podem ser esvaziadas e nos deixar esgotados. Nossa capacidade de adaptação é finita.

A escolha é nossa. Podemos esbanjar nossas reservas de energia imprudentemente, "queimando a vela dos dois lados", ou podemos aprender a fazer esse valioso estoque durar mais tempo, usando-o de maneira sensata e com cuidado. Precisamos diminuir a aflição e encher nossas vidas com atividades que valham a pena e sejam prazerosas.

AFLIÇÃO ATIVA E PASSIVA

Tendemos a associar o estresse a pessoas ocupadas, pressionadas, sejam executivos ou pessoas com tarefas domésticas. Elas estão passando por aflição ativa. A falta de estímulo adequado e de realização, entretanto, pode ser uma causa de aflição passiva; devemos, portanto, examinar também as necessidades de pessoas que perderam a motivação, estão entediadas ou cansadas demais para funcionar com satisfação.

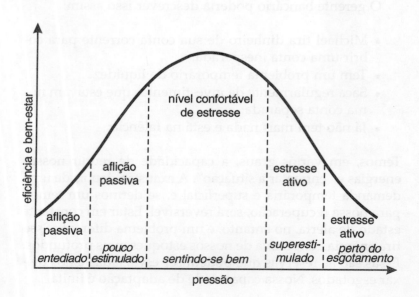

CAUSAS DO ESTRESSE E ESFORÇO EXCESSIVO

Vamos examinar diferentes áreas que podem nos colocar sob pressão. Devemos ser positivos, então talvez eu deva mudar a maneira de dizer isso. Vamos examinar várias áreas desafiadoras nas quais necessitamos estar em estado de alerta, e isso exige que usemos nossas habilidades adaptativas.

Nossas reações dependerão de:

> *Intensidade do estresse e número de estresses em um dado momento.*

Perda

A perda nos empurra para um estado de luto. Uso a palavra luto aqui para me referir a qualquer perda. Todos entendemos a dor que experimentamos quando perdemos a pessoa que amamos. Essa é, com certeza, a maior dor de todas. Passamos por um processo de descrença, baixa auto-estima, perda de rumo, perda de brilho. Em vários graus, encontramos processo semelhante em todas as situações nas quais se vive uma perda: perda de emprego, perda de propriedades, perda de reputação. Mesmo chegar ao final de um projeto ou realização pessoal que deu sentido à vida pode ser estressante. Todos nós, que já estudamos para prestar exames, nos lembraremos do estranho sentimento de vazio depois que os exames passam e podemos nos sentar sem um livro aberto à nossa frente.

Esses são os momentos em que temos de ser mais do que complacentes conosco mesmos, enquanto elaboramos uma nova *raison d'être* e nos adaptamos às novas circunstâncias da vida.

> Você teve alguma perda em sua vida recentemente?
> Como isso afetou você?
> Que adaptações você teve que fazer?

Tédio (aflição passiva)

Podemos nos sentir estressados em qualquer situação com relação à qual percebemos haver uma carência de estímulos. Pode ser difícil acreditar nisso, pois tendemos a pensar que só pressão em excesso é estressante, mas uma vida vazia também causa suas próprias tensões. Examinaremos isso com mais detalhes no Capítulo 11.

> Sua vida no momento está mais vazia do que você gostaria?

Realizando tarefas

Sempre que temos uma nova tarefa a aprender, usamos nossas energias adaptativas. Com a prática, fica mais fácil. Recordo como me senti quando comecei a aprender a dirigir. Era preciso me concentrar em tanta coisa: o que minhas mãos estavam fazendo, o que meus pés estavam fazendo, tentar observar tudo o que estava acontecendo do outro lado do pára-brisa, lembrar-me das regras de trânsito... Depois, isso se tornou uma segunda natureza. Continuava sendo preciso fazer as mesmas coisas, mas o estresse era menor. Passei a ter espaço no cérebro para ouvir o rádio do carro, conversar com meus passageiros, ou planejar o que faria mais tarde. A tarefa a ser feita não mudou — só a maneira como eu respondia a ela.

Quando eu lecionava para estudantes que começavam a trabalhar, tinha de usar todos os meus poderes de persuasão para não deixar que meus jovens alunos se desesperassem ou realmente abandonassem o emprego no primeiro mês. Eles se queixavam de que estavam sempre exaustos, achavam difícil manter o nível de concentração que o trabalho exigia e não tinham energia para a vida social. Eu os estimulava a deixar de lado qualquer atividade que não fosse estritamente essencial. Se sentissem vontade de ir para casa depois do trabalho e se jogar na cama, era isso que deveriam fazer. "É só isso a vida de adulto?", eles se queixavam. Um mês mais tarde, depois que já haviam se adaptado, o quadro era muito diferente. Eles começavam a descobrir que a vida de adulto não era só isso!

> No momento, existem novas tarefas que estão consumindo sua energia?
> O que você faz para se ajudar quando está nessa situação?

Frustração

Isso é o que sentimos quando não temos poder sobre o que está acontecendo. Muitos de nós preferimos ter controle sobre a própria vida e, quando não conseguimos isso, passamos pela aflição de nos sentirmos vítimas. Para muitos, esse é o estresse mais difícil de suportar. Não podemos mudar o que está nos acontecendo, só a maneira como nos sentimos sobre isso e como reagimos. Essa mudança é como um desafio.

> Uma vez conheci uma senhora de idade que se sentava em silêncio e escutava atentamente, enquanto outros a seu redor falavam. De quando em quando, ela dizia a única frase que a escutei pronunciar. Balançava a cabeça astuciosamente e dizia: "Bem, é assim que é!" Depois, ficava em silêncio outra

vez. Nunca consegui descobrir se ela era muito estúpida ou muito sábia. No entanto, como a cito com freqüência, suponho que ela seja realmente muito sábia.

Sempre que deparo com alguma frustração que me faz querer gritar, balanço minha cabeça como aquela velha senhora e digo: "Bem, é assim que é!" Existe uma vantagem em aceitar o que não pode ser mudado. Economizamos muita energia que seria gasta em gritos, murros, lutas contra o fato, ou na pena que sentimos de nós mesmos.

> Você se concentra nas frustrações de sua vida?
> Quanta energia você gasta batendo a cabeça contra a parede?
> Faça uma lista das situações em que poderia ter dado a resposta da velha senhora.

Perigo

Nós nos sentimos estressados em qualquer situação que *percebemos* como ameaçadoras. Enfatizo a palavra "percebemos" porque nossas reações são muito pessoais. Por exemplo:

1. Geraldo está viajando pela primeira vez ao exterior. Viajar de avião é uma experiência nova para ele. O avião começa a sacudir e a roncar. Seu coração começa a bater mais rápido, ele começa a suar e se sente muito assustado.
2. André, sentado do outro lado, trabalha como tripulante aéreo e está tirando merecidas férias. Estar no ar é como sua segunda natureza; ele nota rapidamente que estão passando por uma turbulência e continua a ler seu jornal.

A mesma situação provocou duas respostas distintas: situação igual, percepções diferentes.

Nós não respondemos universalmente da mesma maneira a situações que podem ser vistas como objetivamente perigosas. O que para uma pessoa significa perigo para outra pode ser uma aventura. Algumas pessoas vêem perigo em cada esquina; algumas vêem o mundo como um lugar perigoso e estão em permanente estado de alerta.

> Você vê a vida como uma batalha?
> Como você reage às ameaças e o que pode fazer para se sentir mais seguro?

Estresse físico

Quando enfrentamos alguma dor, doença ou incapacidade, estamos permanentemente sob estresse dentro de nós mesmos. Como temos apenas capacidade finita de adaptação à pressão, já começamos com desvantagens e reservas limitadas. Freqüentemente é preciso muito pouco para que cheguemos ao nível de tolerância. As pessoas que se acostumam a estresse físico constante às vezes se esquecem de quanto estão tendo que agüentar: ficam surpresas e se sentem culpadas quando percebem que já não conseguem suportar nenhuma carga adicional. Outras podem ser desatentas e impor carga maior àqueles que já estão sobrecarregados. Temos de ter cuidado para não nos fazermos de mártires.

O estresse físico externo também pode cobrar seu tributo: viver em perigo constante pode ser extenuante; a poluição estressa tanto o corpo como o espírito. Ao que é normalmente chamado de poluição, eu acrescentaria extremos de temperatura e ruídos.

Uma vez visitei uma escola que tinha a inexplicável reputação de ter freqüentes problemas comportamentais e mudanças de equipe. A escola ficava muito perto do aeroporto de Heathrow. Quando um avião passava, o nível de barulho nas classes era insuportável. Cada vez que o barulho aumentava e depois diminuía, o professor aumentava e diminuía sua voz, de tal maneira que era obrigado a mudar a cada dois minutos para poder ser escutado. Quando ele aumentava a voz, eu percebia os alunos se tensionando visivelmente. Assim, havia ciclos de dois minutos quando o professor falava mais alto e as crianças ficavam tensas, para logo voltar a falar mais baixo e as crianças se acalmarem. Certamente não considerei os problemas da escola inexplicáveis. Quando voltei para casa aquele dia, sentia-me esgotada e sabia que não gostaria de passar outro dia naquele ambiente.

Há algum estresse físico interno que você tenha de suportar?
Há algum estresse ambiental a que esteja exposto com freqüência?
Você já pensou a respeito de como poderia garantir-se de modo a não exceder seu nível de tolerância?

Mudanças no estilo de vida

Embora você possa ficar extremamente contente com algumas dessas mudanças em sua vida, elas requerem muita adaptação e, como conseqüência, são estressantes. A seguir, estão alguns estressores que podem estar fazendo parte da sua vida:

- casamento;
- novo bebê;
- nova casa;
- novo trabalho;

- divórcio;
- demissão;
- aposentadoria;
- festas de família (ex.: Natal);
- férias;
- mudanças de: responsabilidade no trabalho;
  horas ou condições de trabalho;
  hábitos de sono;
  hábitos alimentares.

> Quantas mudanças em seu estilo de vida ocorreram este ano?
> Que adaptações você teve de fazer?
> Você está satisfeito com a maneira como passou por elas ou poderia ter tornado as coisas mais fáceis para você mesmo?

Se não queremos que nossa caixa de fusível queime, temos que ter certeza de que poderemos agüentar física e emocionalmente a carga do circuito. Todos conhecemos o dito "É a última gota d'água que faz o copo transbordar" — e tenho de admitir que geralmente é a pressão pequena, sem importância, que me faz perder a calma depois de ter enfrentado magnificamente problemas piores.

Não se esqueça: a intensidade e o número de estresses em um determinado momento é que fazem nosso fusível explodir. Temos para conosco a responsabilidade de priorizar nossas atividades para não ficarmos sobrecarregados. No Capítulo 11, você encontrará um guia prático para lidar com esse problema.

CAPÍTULO 2

A natureza do estresse

UM ESTADO DE ALERTA

Você conhece bem seu corpo? Sob toda pessoa sofisticada e completamente moderna existe um corpo primitivo — um homem ou mulher das cavernas, falando em termos físicos. Vamos imaginar o tipo de vida que você, a pessoa primitiva, teria vivido. Volte comigo no tempo. Você está vivendo numa caverna e usando suas reações instintivas para se proteger e às pessoas que lhe são mais próximas e queridas. Do que você precisa se proteger? Que habilidades são necessárias para ser bem-sucedido nessa tarefa? Vamos imaginar você frente a frente com um tigre de dentes de sabre. O que você precisa fazer? Há duas opções: lutar, se for capaz, ou, se for mais parecido comigo, fugir. Para as duas opções, é necessário o máximo de força muscular. Seu corpo precisa se ligar na operação de luta ou de fuga. Várias coisas devem acontecer para capacitar seu corpo a enfrentar uma situação perigosa ou difícil. Estas são as reações saudáveis para lutar ou fugir:

- Seu ritmo cardíaco e a pulsação podem aumentar.
- Sua pressão sangüínea pode subir.
- O sangue irá para os grandes músculos de seu corpo.
- *Sua respiração se torna mais rápida.*
- *Você respira usando a parte superior do tórax — portanto pode ficar ofegante.*
- Sua boca pode ficar seca.
- Você pode sentir enjôos.

- Você pode sentir vontade de esvaziar os intestinos e a bexiga.
- *Seus músculos se retesam.*
- Talvez você comece a suar, especialmente nas palmas das mãos.
- Você pode ter indigestão (acidez).
- O pêlo de sua pele pode ficar arrepiado e você pode tremer.
- Açúcares e gorduras provavelmente serão liberados em seu sangue para uma rápida conversão em energia.

Todas essas reações acontecem enquanto oxigênio extra passa por seu sangue, indo de seus pulmões aos grandes músculos do seu corpo. Nos músculos, os carboidratos são queimados para liberar quantidades extras da energia de que você precisa para lutar ou fugir. Lembre-se de que essa é a maneira saudável e bem-sucedida de responder a uma reação de estresse. O corpo primitivo está no seu máximo de eficiência para lidar com o estresse. Só as funções do corpo absolutamente necessárias operam; as outras param temporariamente.

Mas, quando foi que você deu de cara com um tigre de dentes de sabre pela última vez? Bem, sim, é verdade, isso acontece regularmente — porém de maneira diferente.

- Você está no seu carro, atrasado para um encontro importante. O trânsito está parado por quilômetros. Você tenta desviar. Dezenas de outras pessoas também. Você fica preso num engarrafamento ainda pior. Agora vai chegar ainda mais atrasado.
- Você volta do supermercado, carregada de sacolas, entra na cozinha — e a máquina de lavar está transbordando!
- Você se senta diante da TV para um descanso merecido de meia hora. O telefone toca. É sua mãe telefo-

nando pela sexta vez. Ela quer que você vá até a casa dela consertar um fusível.
- Você está indo a pé para um encontro importante. Quer parecer bem. Um carro passa perto e rápido demais, atravessa uma poça e joga a lama em você.

O problema é que você não pode matar esses tigres modernos fazendo uso de força bruta. Assim, o corpo primitivo percebe o "perigo" e responde do único modo que sabe, ou seja, prepara você para usar suas reservas de energia a fim de enfrentar a fera — mas a fera não pode ser vencida da maneira primitiva.

> Faça uma lista dos tigres que você encontra com mais freqüência.
> Depois, examine a lista das reações lutar-ou-fugir da página anterior. Talvez não tenha consciência de algumas das reações mencionadas porque elas acontecem dentro de você, mas há outras que é possível reconhecer facilmente.
> Marque aquelas que você sabe que já vivenciou.

O corpo encontra um estressor (um tigre moderno). Ele responde da maneira primitiva com a energia disponível para o grande esforço — mas o problema não pode ser resolvido fisicamente. O corpo agora está em estado de alerta mas sem utilidade.

Nem todos os estresses são de natureza física. Algumas pessoas estão tão acostumadas a batalhar seu caminho na vida que vêem o mundo como um lugar perigoso. Estar tenso, em permanente estado de alerta, torna-se seu comportamento normal. Elas não apenas enfrentam situações que provocam ansiedade como acham impossível se desvencilhar ainda que não possam identificar os tigres.

Estar em alerta dessa maneira é o que chamamos de estar em estado de alarme.

COMO NOS AFETA ESTAR EM ESTADO DE ALARME?

> Agora vamos começar a observar outras pessoas. Podemos aprender muito observando os outros.
> Você consegue se lembrar, dentre as pessoas que conhece, daquelas que freqüentemente parecem estar muito agitadas? Consegue reconhecer quando elas estão em estado de alarme?
> Observe como elas estão sentadas ou de pé; o que suas mãos estão fazendo, como é sua expressão facial?
> Escute seu tom de voz, a velocidade com que falam, se estão sempre "vendo o lado negro das coisas".
> *Escreva ou diga a um parceiro o que você observa.*

Agora, pergunte a si mesmo: como é estar com pessoas tensas? Você gostaria de ter o mesmo comportamento delas?

Quando eu lecionava, passava um tempo observando os jovens colegas inexperientes em ação. Quando tentavam controlar as turmas insubordinadas, demonstravam muitas das características da lista acima; à medida que ficavam mais estressados, a excitação geral da turma aumentava. À medida que ficavam com voz mais alta e aguda, o barulho da classe aumentava. Essas classes não eram lugares confortáveis para se estar. Imaginava, então, que meus primeiros anos como professora também deveriam ter sido exaustivos porque eu certamente fiz as mesmas coisas. Os "velhos professores", e felizmente me tornei uma, enfrentavam o barulho e a excitação com calma, com voz baixa, falando devagar e usando registros vocais mais baixos. Como resultado, as crianças se acalmavam sem sequer perceber. Em outras palavras, esses velhos professores, mesmo se quisessem estrangular os diabinhos, não deixavam transparecer que estavam irritados. Além disso, posso lhes garantir que se trabalhava muito melhor. Experimente também e veja como funciona.

Agora, pense nas pessoas que conhece que parecem calmas. Faça uma lista com as características que elas demonstram. Observe como é estar na companhia delas. Você se sente bem?

E você, como é para as pessoas ao seu redor? É bom estar ao seu lado ou você espalha tensão e aflição? É ótimo saber que as pessoas nos procuram porque somos um refúgio de tranqüilidade e porque é divertido estar ao nosso lado.

COMO A TENSÃO AFETA NOSSA CAPACIDADE DE FUNCIONAR BEM

Vejamos o que a tensão faz com nossa eficiência:

O velho touro e o jovem touro estavam no alto de uma colina olhando o rebanho de vacas.
"Vamos correr até lá embaixo", disse o touro jovem, "e montar algumas vacas."
"Não, filho", disse o touro velho. "Vamos dar uma voltinha lá embaixo e montar *todas* as vacas."

Você já reparou que, quando está com pressa e ansioso, erra mais e faz menos? Você consegue se lembrar do que fez ou não fez? Desligou o gás? Fechou a porta?

> Fique de frente para um parceiro, segurando suas mãos
> *Ou*
> Segure a maçaneta de uma porta que possa ser puxada com força.
> *Agora, puxe com toda a força possível, fazendo um grande esforço. Enquanto estiver puxando, diga os nomes de todos os seus amigos pela ordem de idade.*

Você conseguiu se concentrar enquanto fazia o esforço físico? Não muito bem, suponho. Desse modo dá para perceber como a tensão e o esforço muscular fazem nosso pensamento funcionar menos eficientemente.

A maioria de nós já passou pela experiência da "ponta da língua". Tentamos lembrar um nome, está lá, em nossa cabeça, mas se recusa a ser lembrado. Assim que relaxamos, paramos de tentar lembrar, ou estamos quase dormindo — então a memória volta.

Estar em estado de alarme desnecessário é muito desconfortável. Gasta nossa energia e é improdutivo. Se estivermos tensos e superansiosos, fazemos da nossa própria vida um inferno e somos péssima companhia. De fato, deixar que o homem das cavernas controle a pessoa civilizada só nos faz entrar numa espiral de comportamento inadequado e autodestrutivo.

A vida é divertida! Vamos aproveitá-la o máximo possível!

O mundo não está cheio de obstáculos, e sim de desafios, de uma série de aventuras. Nem sempre podemos mudar o que nos acontece, mas temos o poder de mudar a maneira como nos sentimos perante isso e como nos comportamos.

Os tigres podem ser domados!

O resto do livro nos mostrará como.

CAPÍTULO 3

Você se conhece bem?

VOCÊ É SEU MELHOR AMIGO OU SEU PIOR INIMIGO?

Desde cedo, na infância, a competição é instilada em nós. Tentamos viver de acordo com suas exigências e valores e nos esforçamos para conseguir aceitação social e sucesso. Crescemos sendo avaliados e classificados na escola. Nossas escolas são avaliadas e classificadas nacionalmente. No trabalho, tentamos ficar sempre na frente de nossos pares. As posses materiais (ou a riqueza para comprá-las) são símbolos de *status*. Estamos constantemente olhando por cima dos ombros. Como recreação, muitos participam de jogos ou esportes competitivos, seja pessoal ou vicariamente, torcendo por um time ou por um jogador.

Não é minha intenção tentar virar esse *ethos* de cabeça para baixo. Afinal, o estresse positivo é a motivação que nos faz funcionar eficaz e criativamente. Contudo, com facilidade ficamos ansiosos com nosso desempenho. Podemos começar questionando se somos bons o suficiente. A necessidade de sermos bem-sucedidos e nossa intolerância ao fracasso podem compor a tensão que está dentro de nós. As pessoas tensas não são eficientes. Perdem a concentração rápido, ficam facilmente cansadas, começam a caminhar em círculos, perdem coisas. Isso logo leva à perda de auto-estima e, possivelmente, ao pânico. Em resumo, a vida torna-se muito desconfortável — e o efeito pode ser contagiante!

VOCÊ SE SENTE MUITO ESTRESSADO?

Faça a si mesmo estas perguntas de tempos em tempos para verificar como está progredindo.

1. **Tenho sentimentos de pânico repentinos.**
   Nunca. ☐
   Só ocasionalmente. ☐
   Muitas vezes. ☐
   Freqüentemente. ☐

2. **Sinto-me ansioso e enrolado.**
   Quase o tempo todo. ☐
   Freqüentemente. ☐
   De vez em quando. ☐
   Nunca. ☐

3. **Tenho a estranha sensação de que alguma coisa terrível está para acontecer.**
   Nunca. ☐
   Não muito. ☐
   Muitas vezes. ☐
   Freqüentemente. ☐

4. **Fico focalizando pensamentos angustiantes.**
   A maioria do tempo. ☐
   Freqüentemente. ☐
   Ocasionalmente. ☐
   Não é problema. ☐

5. **Tenho sentimentos agitados, como borboletas no estômago.**
   Nunca. ☐
   Algumas vezes. ☐
   Muitas vezes. ☐
   Freqüentemente. ☐

6. **Posso me sentar e me sentir relaxado.**
   Nunca. ☐
   Não freqüentemente. ☐
   A maioria das vezes. ☐
   Sempre. ☐

7. **Sinto-me inquieto e tenho de me manter ativo.**
   Freqüentemente. ☐
   Muitas vezes. ☐
   Poucas vezes. ☐
   Nunca. ☐

Contagem dos pontos:
Questões 2,4,6,7
   Box 1: 3 pontos
   Box 2: 2 pontos
   Box 3: 1 ponto
   Box 4: 0 ponto

Questões 1,3,5
   Box 1: 0 ponto
   Box 2: 1 ponto
   Box 3: 2 pontos
   Box 4: 3 pontos

Quão estressado você está?

16-21 Provavelmente você está se sentindo muito desconfortável e com certeza seria ótimo se tentasse mudar!!!

9-15 Há muita tensão em sua vida. Seria bom se você trabalhasse isso.

2-8 Você tem um nível moderado de tensão que certamente pode ser melhorado.

0-1 Ou você está ótimo, ou não está sabendo reconhecer suas tensões. Se foi atraído para este livro, certamente acha que pode aproveitar alguma coisa se examinar alguns tópicos relacionados com o estresse. Nós aprendemos e mudamos o tempo todo!

QUAIS SÃO AS OPÇÕES?

Quando damos de cara com uma parede de tijolos, temos várias opções. Podemos:

- bater nossa cabeça contra ela;
- esgotar nossas forças tentando, mas não conseguindo, escalá-la;
- "ter um branco" e ficar olhando para a parede;
- dar a volta imediatamente e retornar;
- dar um passo atrás, avaliar as dificuldades, planejar uma estratégia e possivelmente decidir pegar um desvio.

> Você pode se lembrar de uma época quando definitivamente não estava enfrentando bem as coisas?
> Qual dessas opções era a sua?
> Você reagia de maneira útil e criativa?
> Ficou preso em um padrão de comportamento que lhe causava mais problemas?

COMO *VOCÊ* REAGE?

É proveitoso fazer um perfil de qualquer aspecto de seu comportamento que poderia lhe indicar que nem tudo está bem. Nós expressamos nossa aflição de várias maneiras — por meio de:

- tensões corporais;
- comportamento físico;
- relacionamentos interpessoais;
- humor e processos de pensamento.

Salvo nossos pensamentos, os demais "sintomas" podem ser facilmente percebidos pelos outros. Não raro, somos os últimos a perceber que estamos mal. Seria bom usar as pessoas próximas como um recurso. Se não ficarmos ofendidos com seus comentários, podemos aceitá-los como um apoio útil. Podemos perguntar coisas do tipo: "O que você me viu fazendo que lhe faz pensar que estou tenso?" Lembre-se, queremos observações, não soluções nem diretivas.

Tensões corporais

Como nossos corpos são primitivos, muitas vezes expressam nossa aflição antes de estarmos verdadeiramente conscientes dela. Pense nas pessoas que conhece bem. Você não consegue dizer qual é o humor delas até quando estão de costas? Pode entender a linguagem corporal delas observando a maneira como se sentam, se levantam, se movimentam? E as expressões faciais? Elas franzem a testa, ficam de olhos fixos, apertam os lábios?

> Você percebe o que *você* faz?
> Existe alguma discrepância em seu comportamento? Você sorri ao discutir tópicos difíceis, ou diz "está tudo bem" enquanto enrijece os músculos? Verifique com seus amigos.

Às vezes, a linguagem corporal pode simbolizar alguma coisa que está nos deixando ansiosos. Retiramos exemplos dos ditos populares: "Ele deu de ombros", "Ela está carregando o mundo nas costas", "Sorria e vá em frente!", "Rangeu os dentes".

Comportamento físico

Você reconhece quando seu jeito de enfrentar as coisas está causando mais problemas do que resolvendo? Fica agitado, indo de um lado para o outro, sem chegar a lugar nenhum? Fica desajeitado, caindo e quebrando coisas? Seus movimentos se tornam espasmódicos e imprecisos? Você perde coisas, esquece fatos, perde a concentração? Tem brancos ou fica sonhando acordado? Você se pega fazendo tarefas extras, sem importância — rabiscando, devaneando, saindo pela tangente?

> Recorde um dia específico em que você estava consciente de estar estressado. Como enfrentou as coisas e que atitudes tomou que não trouxeram nenhum benefício?

Relacionamentos interpessoais

As pessoas que estão chegando ao esgotamento podem ser companhias ou colegas bem desagradáveis. Quase sempre não conseguem nos dar toda a sua atenção; ficam agitadas quando tentam se comunicar conosco. Têm uma tendência a culpar os outros pelo que está acontecendo, ou a ser autodepreciativos, culpando a si mesmas, e parecem auto-absortas; podem ficar agitadas e irrequietas e geralmente espalham desconforto.

> Você consegue reconhecer quando está fazendo alguma dessas coisas?
> Consegue se lembrar de alguma ocasião em que deixou suas tensões atrapalharem o contato com outra pessoa?

Humor e processos de pensamento

Algumas pessoas passam por mudanças de humor, indo de repentes de atividade frenética à letargia. Seus pensamentos podem ser catastróficos e pessimistas. Há as que querem fugir de tudo, ou que se sentem incompetentes e com baixa auto-estima. Algumas têm a impressão de que estão tolhidas.

> Você reconhece algum desses sentimentos?
> O que passa por sua cabeça quando está se sentindo tenso?
> Seus pensamentos são úteis, ou estimulam os sentimentos ruins?

Examine sua lista de reações pessoais ao estresse. Você pode ver que elas não ajudam a resolver os problemas. De fato, fazem parte da pressão que gasta sua energia — energia que você não pode se dar ao luxo de desperdiçar. Você quer aprender a usar esse precioso presente de energia de uma maneira que não seja autodestrutiva e sim enriquecedora.

Agora que aprendeu a perceber suas reações e a formar um "perfil de tensão", você está em uma posição melhor. Já sabe como identificar os sinais que indicam que não está bem. Pode admitir para si mesmo que está aflito. Só agora pode tentar agir. À medida que se tornar mais habilidoso em reconhecer seus sinais pessoais, verá que começará a notá-los mais cedo, antes que se tornem opressivos. É muito mais fácil desenrolar um nó simples do que um que já está todo emaranhado.

DE QUANTO VOCÊ PRECISA?

Sandy e Susan são minhas amigas. Sandy é mãe e esposa atenciosa. Além disso, é uma mulher de negócios poderosa, administra uma grande equipe, viaja pelo mundo para reuniões internacionais e curte jogar tênis e *squash*. Susan vive só. Gosta de ficar em casa com seus livros e filmes e fica realmente feliz não tendo que sair de casa. Uma vez ela me disse para adiar uma visita que lhe faria porque seu dia ia ser muito ocupado: ela teria que se levantar meia hora mais cedo para pagar o leiteiro! Essas minhas duas amigas parecem estar realmente contentes com suas vidas, embora os estilos de vida de cada uma não pudessem ser mais diferentes. O que elas têm em comum é que ambas sabem o nível de estresse de que gostam e se asseguram dos meios para consegui-lo. Estão funcionando cada uma no seu Nível Confortável de Estresse.

Não existe um certo ou errado universal, apenas o que é certo ou errado para você. Algumas pessoas florescem com o estresse criativo. Se você está tendo mais estresse do que precisa, ou em excesso, ou do tipo errado — pressão que causa estresse e não excitação —, então está sofrendo de *aflição ativa*. Se tem uma necessidade alta e está subestimulado, então está passando por uma *aflição passiva*.

> Você é uma pessoa de alta energia ou baixa energia?
> Onde você fica na escala de atividade Sandy - Susan?
> Anote seu Nível Confortável de Funcionamento.
> Onde você colocaria sua situação atual na escala Sandy – Susan?
> Atualmente, você está acima ou abaixo de seu Nível Confortável de Funcionamento?
> Você está passando por alguma aflição ativa ou passiva?
> (Veja o gráfico no Capítulo 1)

Aqui você encontra outras perguntas que seria bom fazer a si mesmo para completar seu perfil pessoal.

> Você vê o mundo como um lugar perigoso, cheio de obstáculos?
> Geralmente considera as tarefas onerosas ou desafios excitantes?
> Você tende a focalizar nas dificuldades ou nas vantagens de uma situação?
> Sente-se melhor trabalhando com datas para terminar o trabalho, ou elas lhe causam aflição?
> Fica rapidamente impaciente consigo mesmo e com os outros?
> Tolera bem o fracasso?

Certamente a excitação e o estímulo nem sempre estão associados com a atividade física. Um observador de pássaros ficará fascinado ao detectar um visitante inesperado em seu jardim. Um quebra-cabeça corretamente montado pode trazer grande satisfação. Um pintor ou artesão entusiasta pode não querer se aventurar longe de seu ateliê. Portanto, inclua em sua avaliação seu nível de necessidade de estímulo mental ou criativo.

Agora você construiu seu perfil único que pode ajudá-lo a respeitar suas necessidades. Lembre-se que você tem alguns direitos, a saber:

- o direito de ser verdadeiramente você mesmo e não ter de competir com os outros;
- o direito de estar confortavelmente no nível de estresse adequado a você;
- o direito de mudar, se quiser.

CAPÍTULO 4

Corpo e mente

PREPARANDO O CENÁRIO

UM SENTIMENTO DE BEM-ESTAR

Não está apenas na cabeça! Sentir-se bem realmente melhora a saúde. Os problemas tipo "calcanhar-de-aquiles" — intestinos irritáveis, erupções, dores nas costas, enxaquecas —, embora não necessariamente causados por tensão, se agravam quando a pessoa está estressada. Acredita-se que a tensão tem um efeito debilitador no sistema imunológico, predispondo a pessoa a resfriados e a outras doenças, e que estar fisicamente em estado de alerta inibe a reparação dos tecidos. A cura acontece quando o corpo se encontra em descanso.

Parece que, de fato, rir e se divertir tem o efeito físico de fortalecer o corpo, e a gargalhada é uma grande liberadora de tensões.

> Alguns anos atrás, meu marido, infelizmente, teve de passar por radioterapia diária. Nosso filho veio nos visitar e nos presenteou com um vídeo de uma série completa de um dos nossos comediantes favoritos com uma prescrição: "Tome dois diariamente por quatro dias". Até hoje nos lembramos da luz curadora de nossas gargalhadas brilhando na escuridão daqueles dias.

> Qual é o seu calcanhar-de-aquiles? Você o encara como uma carga extra, ou como um sinal de que precisa começar a cuidar melhor de si mesmo? O que faz você dar uma gargalhada realmente saudável? Como garantir que tem bastante com o que se divertir em sua vida?

CONSCIÊNCIA DE SAÚDE

A saúde ruim persistente e a falta de preparo físico são estresses internos que podem cobrar tributo dos recursos do seu organismo. Talvez você tenha a infelicidade de ter uma doença ou dor crônica, e não há nada que possa ser feito a respeito. Isso significa que terá menos recursos para lidar com tensões extras e provavelmente atingirá o esgotamento antes daqueles que têm um bom preparo físico. É importante ser honesto consigo mesmo, enfrentar os fatos e avaliar o quanto está em desvantagem. Você merece ser bem cuidado, portanto pense: quanta pressão extra pode agüentar antes de chegar ao ponto de saturação? Provavelmente você é muito mais protetor em relação às pessoas que ama do que a você mesmo. Pode ser útil perguntar a si mesmo: "O que eu aconselharia a outra pessoa que estivesse em minha situação?"

> Imagine que uma pessoa em sua situação está sentada na cadeira oposta. Seja um bom amigo e ajude-a a planejar uma estratégia para evitar pressões extras.

O *exercício regular* fortalece os músculos, o coração e os pulmões e é também um ótimo aliviador de tensão. Tente, aos poucos, aumentar sua atividade física: caminhe em vez de usar o carro, use as escadas e não o elevador. Pratique a atividade de que realmente gosta: natação, aeróbica, dança, futebol.

> Trace um plano para aumentar gradualmente seu preparo físico. Veja se pode fazer isso sozinho ou se precisa da companhia e do incentivo de outras pessoas.

Tenha uma alimentação saudável. O estresse com freqüência piora os hábitos alimentares das pessoas. Elas acabam comendo um lanche rápido ou compulsivamente recorrem a alimentos gratificantes. Isso pode levar ao fornecimento inadequado de vitaminas, minerais e fibras de que o corpo precisa para trabalhar da melhor maneira possível. Engordar ou perder as cores pode aumentar o estresse original, produzindo um círculo vicioso. As emoções relacionadas com a comida são complexas. Às vezes pode ser revelador explorar o significado da comida em nossa vida e família, agora e no passado. Analise se ela foi um meio de premiar ou punir, ou se a mesa de jantar tem sido o tradicional campo de batalha da família. Todos temos direitos a quebrar qualquer atitude pessoal ou tradição familiar que nos façam ficar desconfortáveis. Nós temos o direito de mudar.

> Como você pode melhorar seus hábitos alimentares e transformar a hora das refeições em fonte de saúde e prazer?

O fumo e o uso excessivo de álcool ou cafeína (no café ou no chá) atuam como apoios temporários. O efeito é de curto prazo — eles podem deixá-lo na mão e fazer você voltar para obter mais. A cafeína é um estimulante conhecido, famoso por provocar insônia, e que também leva algumas pessoas a se sentirem anormalmente sobressaltadas e nervosas. Essas reações de modo geral são problemas associados a altos níveis de estresse.

ACALMANDO OS SENTIDOS

Os cinco sentidos são paladar, visão, audição, tato e olfato. Constituem as maneiras pelas quais o corpo recebe mensagens sobre o meio ambiente que podem afetar seu humor. Cada indivíduo responde diferentemente, portanto cada um deve saber quais os sentidos que lhe são importantes. Ao reconhecer as respostas sensoriais individuais, as pessoas podem aumentar seu prazer na vida e montar o cenário para enriquecer seu ambiente, tornando-o relaxante. A pessoa *oral* responde à comida como uma fonte de prazer. Ela não come apenas para viver. A *visual* facilmente desenha quadros mentais — quadros de lembranças, quadros de como serão as coisas no futuro, consegue facilmente imaginar cenas, é afetada pelo cenário, pela disposição dos móveis na sala e pelas cores. A *auditiva* pode repetir facilmente o que escutou, lembra-se das músicas, reage aos sons e percebe os tons agradáveis ou desagradáveis, bem como seu volume e intensidade. A pessoa *tátil* lembra-se das situações de toque, reage a texturas e formas e se tranqüiliza com carícias ou massagens. A pessoa *olfativa* reage aos estímulos do cheiro, os odores lhe provocam lembranças, podem facilmente rejeitar ou ter prazer com um aroma. Na maioria, somos uma boa mistura de tudo isso, mas tendemos a achar alguns sentidos mais importantes ou mais acurados do que outros.

Que sentidos são mais importantes para você?
O que você faz para se certificar de que montou o cenário adequado que o ajudará a relaxar?

As pessoas *orais* precisam cultivar uma abordagem positiva em relação à comida. A comida pode ser um grande prazer tanto quanto fonte de saúde. A hora das refeições deve ser uma experiência saudável e prazerosa. A comida deve ser bem preparada e apresentada de maneira atraente. É sensato preparar refeições bem equilibradas, com muitas frutas frescas e vegetais, com pouca gordura saturada e incluindo versões de pão e cereais não refinados, ricos em vitaminas e fibras.

As refeições devem ser momentos especiais do dia e merecem toda a sua atenção. Tente fazê-las sentado em lugar relaxado, próprio para a ocasião, e não apressado em sua mesa de trabalho, ou em pé, enquanto faz outras coisas. Se possível, proteja-se da tirania do telefone. Você se conhece bem e saberá se prefere comer só ou acompanhado, com música ou não, luz baixa, escutando rádio ou lendo. Depende de você fazer da hora de suas refeições um dos bons momentos de sua vida. Dê-se tempo para apreciar o sabor da comida; coma devagar, curtindo a aparência, o cheiro e todo o sabor. Permita-se pequenos agrados. Pouca coisa é realmente prejudicial se curtida com moderação. Por exemplo, há apenas sessenta quilocalorias em um pedaço de chocolate. Se você gosta de chocolate tanto quanto eu, seria um castigo eliminá-lo de sua dieta. Portanto, segure o chocolate, aprecie sua aparência e aroma. Ao colocá-lo na boca, deixe-o derreter. Mova-o dentro de sua boca com a língua e mastigue lentamente, apreciando cada partícula de sabor. Depois, deixe sua língua pescar qualquer gosto remanescente em sua boca e em seus lábios. Tendo-se permitido esse prazer sensual, é provável que se sinta satisfeito e não sentirá vontade de acabar com o resto da caixa.

As pessoas *visuais* precisam ter ao seu redor cenários e cores que as acalmem. Eu adoro o campo e sempre me lembro, em meu caminho para algum trabalho estressante, de fazer um desvio para poder passar por campos verdes. O efeito no meu humor compensa o tempo gasto.

Uma amiga não estava bem e ficou meses sem poder sair de casa. Sua aflição era aliviada pelo fato de poder se sentar em uma poltrona reclinável e observar a atividade dos pássaros e a beleza de seu amado jardim. Algumas cores são estimulantes e outras tranqüilizam. Uma mulher visual com quem trabalhei me disse que só pensar na cor azul era o bastante para fazê-la começar a se relaxar. Ao fazer um trabalho, é relaxante parar de tempos em tempos e olhar a distância. Quadros com alamedas de árvores levando ao horizonte têm um efeito calmante (podem ser colocados com proveito na parede em frente a uma terrível cadeira de dentista).

Pessoas *auditivas* precisam saber que tipo de música as acalma. Podem gostar do som do repique de sinos ou do canto de pássaros. Para algumas, cantar ou tocar um instrumento pode ser um grande aliviador de estresse, mas, se são parecidas comigo, de preferência sem público. Existem dois tipos de fita ou CD com músicas relaxantes: os que falam enquanto guiam você por um roteiro de relaxamento e os que apenas produzem sons tranqüilizantes. Recentemente estive em dois hospitais diferentes que poderiam ter me provocado ansiedade. As equipes de ambos tinham conhecimento do valor terapêutico da música: no primeiro, tocavam música pop, o que pode ser bom para muita gente, sem dúvida, mas não para mim — apenas piora meu desconforto. Eu não tinha a intenção de ser mártir e pedi que a desligassem. No segundo, na sala de espera para fazer um exame, me perguntaram qual era minha preferência musical e passei minutos relaxantes com meu amado Schubert. É preciso ter cuidado para não fazermos suposições sobre o gosto dos outros, e temos o direito de garantir que ninguém faça suposições sobre as *nossas* necessidades.

As pessoas *táteis* devem ter consciência de que são sensíveis a móveis confortáveis e podem considerar um prazer sentar em cadeiras reclináveis, numa boa poltrona, ou numa rede; geralmente gostam de ter banquetas para os pés. Podem achar que um banho morno é uma boa maneira de começar uma noite relaxante, pois a temperatura é muito importante para elas. Podem gostar de só usar roupas confortáveis. Recordando o conforto da infância, algumas gostam de segurar brinquedos de pelúcia e acariciar animais de estimação. Talvez gostem de fazer tricô e bordar. Já reparei que, quando minha mãe tricota, uma grande aura de calma emana dela.

As pessoas *olfativas* precisam se cercar do cheiro de ar fresco, do perfume favorito, de incensos e flores. Elas podem curtir a fragrância do café, do vinho e dos alimentos, tanto quanto o sabor. Têm mais probabilidade de usar produtos de aromaterapia.

A aromaterapia, no entanto, é muito mais do que tão-somente a sensação de desfrutar odores agradáveis; existem várias maneiras de usar os óleos essenciais para alterar o humor e há muito já se sabe que produtos de plantas podem ter efeitos poderosos no corpo. A aromaterapia funciona com o princípio de que o corpo absorve substâncias não apenas pela boca, como também através da pele, dos pulmões e das membranas das narinas. Os óleos essenciais podem ser comprados em lojas especializadas e em algumas farmácias. Podem ser usados para relaxamento ou estimulação de várias maneiras. Para *massagem*, os óleos são diluídos em um óleo de base vegetal. As lojas especializadas já vendem a mistura, mas você pode acrescentar gotas ao creme ou gel de sua escolha. Se você for uma pessoa tátil e tiver uma companhia gentil, um pouco de massagem simples nos ombros, na nuca e nas costas pode realmente ajudá-la a se sentir melhor.

Alternativamente, você pode passar um óleo corporal em si mesmo. O uso de compressas é uma boa alternativa para a massagem. Ponha algumas gotas de um óleo essencial na água morna. Molhe uma pequena toalha ou bandagem, torça-a e coloque sobre as áreas cujos músculos precisam de ajuda extra para relaxar. Pode ser na testa, na nuca ou sobre os ombros. Se quiser, coloque algumas gotas de sua fragrância favorita em seu banho. Geralmente, os óleos estimulantes devem ser usados de manhã e os relaxantes, à noite. Eu descobri que algumas gotas de óleo de alfazema em meu travesseiro, quando vou dormir, fazem maravilhas. O uso de óleos para queimar é uma maneira gostosa de decorar um quarto; são fáceis de encontrar e ótimos presentes. Um pequeno recipiente é posto acima do lugar da chama e nele se colocam água e algumas gotas do óleo de sua escolha. Por baixo, coloca-se uma vela colorida. O aroma se difunde sutilmente pelo quarto. Existe grande variedade de óleos no mercado.

Estas são algumas sugestões para começar. Para relaxamento: alfazema, gerânio, camomila e salva. Para estimulação ou revigoramento: tomilho, alecrim, manjericão, e qualquer cítrico.

O CORPO EM EQUILÍBRIO

O esqueleto dá rigidez ao corpo. Os músculos estão ligados aos ossos e, pela contração e relaxamento, possibilitam o movimento. Como estão situados em pares antagônicos, quando um músculo se contrai seu par relaxa, e vice-versa. Dessa maneira, o corpo fica em equilíbrio, o que ajuda a circulação e a remoção dos resíduos.

> Levante seu braço reto e observe como seu tríceps, na parte posterior, se encurta e tensiona, enquanto o bíceps, na frente, se alonga e relaxa.
> Puxe os punhos até os ombros e veja seus bíceps formar uma protuberância e tensionar, enquanto seu tríceps se alonga.

> 1 Segure um fio de cabelo da coroa de sua cabeça. Puxe-o gentilmente e imagine que é um fio de prumo passando pelo seu corpo.
>
> 2 Imagine que você é um boneco com um cordão passando por seus ombros e por sua cabeça. Diga a si mesmo "para cima e para os lados", e sinta o puxão à medida que seu pescoço se estica e seus ombros caem e se esticam ligeiramente para baixo. Você pode sentir o puxão entre as omoplatas?
>
>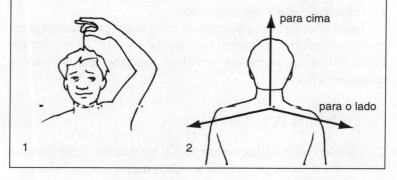

Quer o corpo esteja se movimentado quer esteja parado, sempre há uma combinação de tensão e relaxamento dos músculos. Se não conseguir um bom equilíbrio, o corpo sofrerá de tensão muscular excessiva, o que causa dor, estresse e fadiga. Se os músculos ficarem presos, em contração estática, impede-se a circulação e o resultado é uma

Você se senta baixo na cadeira, com as pernas escarrapachadas? Fica com as pernas cruzadas, as mãos fechadas e os ombros curvados? Tente sentar-se bem para trás, sentindo o suporte da cadeira, com os pés ligeiramente afastados e apoiados no chão e as mãos levemente abertas sobre os braços da cadeira ou em seu colo.

Postura que estimula a tensão

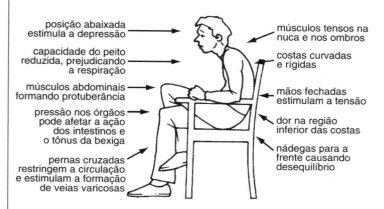

- posição abaixada estimula a depressão
- capacidade do peito reduzida, prejudicando a respiração
- músculos abdominais formando protuberância
- pressão nos órgãos pode afetar a ação dos intestinos e o tônus da bexiga
- pernas cruzadas restringem a circulação e estimulam a formação de veias varicosas
- músculos tensos na nuca e nos ombros
- costas curvadas e rígidas
- mãos fechadas estimulam a tensão
- dor na região inferior das costas
- nádegas para a frente causando desequilíbrio

Postura de equilíbrio relaxado

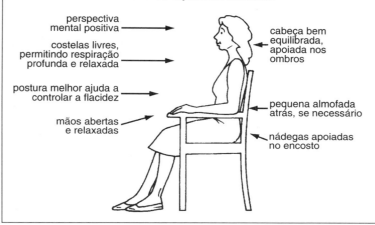

- perspectiva mental positiva
- costelas livres, permitindo respiração profunda e relaxada
- postura melhor ajuda a controlar a flacidez
- mãos abertas e relaxadas
- cabeça bem equilibrada, apoiada nos ombros
- pequena almofada atrás, se necessário
- nádegas apoiadas no encosto

série de produtos da fadiga, como espasmos e cãibras. As pessoas tensas estão mais sujeitas a ter dores e incômodos, especialmente na nuca e nos ombros. Só o pulso mantido fechado por um tempo já pode aumentar a pressão sangüínea.

Se você quer ficar em pé sem se esforçar, mantenha a cabeça confortável sobre o pescoço, baixe os ombros e concentre o peso nas plantas dos pés. Observe qualquer maneirismo que o desequilibre, como dobrar um joelho e pôr mais peso em um só pé, ou levantar um ombro ou levar a cabeça para um lado. Ao caminhar, balance os quadris, mantenha seus movimentos calmos e confortáveis, sem se enrijecer. É interessante prestar atenção em como você aparece nas fotos ou perguntar às pessoas em quem confia.

Se desejar também proteger seu corpo de esforço excessivo, dor e fadiga, ao se abaixar, levantar algo ou empurrar, a teoria do equilíbrio deve ser aplicada. O princípio geral é curvar os joelhos, mantendo o fio de prumo até se abaixar. Se necessário, ajoelhe-se ou sente-se no chão. Ao levantar um objeto, abaixe-se até ele e erga-o até onde for possível antes de se levantar e acabar de erguê-lo. Empurre objetos a partir dos ombros ou das costas, e não com os braços esticados.

O corpo em equilíbrio é um belo modelo trabalhando. Mantenha-o assim!

POSTURA — AS MENSAGENS QUE TRANSMITIMOS A NÓS MESMOS E AOS OUTROS

A psicologia social nos ensina a respeito do enorme impacto da chamada comunicação não-verbal, conhecida como a linguagem corporal. Devido a sua importância, precisamos estar completamente conscientes de como usamos essa forma de expressão.

> **Um jogo para ser jogado com outras pessoas**
>
> Escreva em pedaços de papel vários cenários que expressem humores diferentes. Por exemplo:
>
> Você acaba de ganhar na loteria.
> Seu pedido de emprego foi rejeitado.
> Um amigo próximo está gravemente enfermo.
> Você foi convidado para passar um final de semana no campo.
>
> Tente encontrar exemplos que cubram o máximo de emoções possível.
> Escolha um dos papéis e tente expressar a emoção apropriada fisicamente, sem som. Os outros devem adivinhar o humor que você está expressando e depois sugerir os motivos possíveis para tal.

Quantas vezes você já perguntou "O que foi que aconteceu de errado?" quando alguém entrou numa sala? Você não se sente imediatamente à vontade quando está com pessoas que transmitem calma e eficiência? A linguagem corporal dos outros tem um efeito poderoso sobre nós. A sua linguagem corporal é a sua comunicação imediata com os outros, mas ela também confirma o que você sente sobre si mesmo. Aqui estão algumas observações que você talvez reconheça. Sem dúvida, poderá acrescentar outras.

Tenso/agressivo
retesado, postura rígida
mãos nos quadris
postar-se muito perto
braços cruzados (corpo fechado)
ombros enquadrados
punhos fechados
contato olho a olho
sorriso sarcástico

Ansioso/inseguro

ombros curvados
olhar distante
inquietação
sorriso inadequado
brincar com o cabelo
torcer as mãos

Calmo/confortavelmente positivo

contato agradável dos olhos
gestos das mãos (para ênfase)
corpo calmo e quieto
ombros relaxados
distância adequada
braços soltos

De modo geral, expressamos fisicamente o que sentimos; entretanto, se não estivermos satisfeitos com as mensagens que transmitimos, isso pode ser virado de cabeça para baixo em nosso benefício. Você pode desafiar a ansiedade; apenas *aja* como se estivesse calmo. Se conscientemente mudar seu comportamento, verá que começará a se sentir diferente, e os outros podem começar a lhe responder também de maneira diferente.

Fique de pé em frente a um espelho.
Experimente algumas das linguagens corporais listadas acima.
Observe sua imagem e veja como se sente ao transmitir sinais tensos e ansiosos.
Mude para uma expressão calma e confortável e observe como se alteram sua aparência e sentimentos.

INFLUINDO NO HUMOR COM A VOZ

Ao falar, o tom, a intensidade e o ritmo de sua voz comunicam muito mais do que as palavras.

> Volte ao jogo da expressão de linguagem corporal. Jogue outra vez, mas agora, em vez de usar só a linguagem corporal para expressar os sentimentos, use também sons vocais não-verbais.

Podemos agora acrescentar novas pistas à nossa lista:

Tenso/agressivo

tom sarcástico, zombeteiro	voz alta
voz extremamente suave	fala firme, crispada

Ansioso/inseguro

voz baixa, quase inaudível	voz lamentosa
tom agudo	fala muito rápida
engolir o final da sentença	hesitação
tosse nervosa	uso excessivo de é..., hã... etc.

Calmo/confortavelmente positivo

adequadamente afetuosa/ ou firme	fala mais lenta
uso de registros mais baixos	pausas confortáveis

Quando começar a transmitir uma postura mais calma, você ficará surpreso ao perceber como rapidamente ela poderá se tornar sua maneira normal de se comportar. E isso não afetará apenas a maneira como você se sente: terá um efeito de dominó sobre os outros. Você será uma pessoa mais agradável com quem conviver e certamente achará mais fácil pensar com clareza.

O próximo capítulo examina com mais detalhes a linguagem corporal e como você pode usá-la para compreender a si mesmo de um modo mais integral.

CAPÍTULO 5

A conversa interior

VOCÊ COSTUMA CONVERSAR CONSIGO MESMO?

Quantas vezes, quando teve um problema, você foi aconselhado a conversar sobre ele com um bom amigo? Mas, o que é um bom amigo? É alguém que escuta, que diz a você o que fazer, que se compadece e reforça os sentimentos ruins que você talvez já tenha, ou alguém que o ajuda a analisar e avaliar a situação? É justo dar essa responsabilidade a amigos, e isso pode ser medido? No caso de não serem bons conselheiros, quer dizer que não podem mais ser considerados bons amigos?

Neste capítulo, sugiro que a melhor coisa que você tem a fazer é se tornar seu próprio amigo e aliado. Portanto, meu conselho seria lhe dizer para conversar *com você mesmo*. É realmente difícil conversar de maneira criativa consigo mesmo, desenvolver a arte da conversa interior (solilóquio); no entanto, para melhor administrar seu próprio estresse, é uma arte que vale a pena aprender.

O QUE É UMA CONVERSA INTERIOR?

Uma grande fonte de aflição é a frustração, por mim definida como a ausência de controle sobre o que está acontecendo com você. Para conseguir recuperar esse poder sobre sua própria vida, é necessário ser assertivo. Ser assertivo é ser capaz de atender suas próprias necessidades sem desconsiderar as necessidades dos outros, é ser capaz de agir em vez de apenas reagir a situações que nos foram impostas.

A conversa interior consiste em falar consigo mesmo através de cinco questões e respostas-chave:

1. O que estou sentindo? O que estou fazendo?
2. Que emoções estou expressando?
3. O que a emoção está me dizendo?
4. O que eu quero?
5. O que posso fazer com relação a isso?

Muitas vezes as primeiras quatro perguntas não são respondidas pois as pessoas passam rapidamente para respostas que talvez não sejam as mais adequadas. Elas estão sendo reativas, mas, se fossem capazes de aplicar a conversa interior, poderiam se libertar das pressões de serem vítimas das circunstâncias.

Algumas pessoas lidam com sentimentos difíceis dando um bom grito, chorando, amassando uma almofada, trabalhando muito ou saindo para uma caminhada. Se você é assim, nem você nem os outros são prejudicados por essas ações, não é uma coisa ruim porque, pelos menos, liberta as tensões. Existe, entretanto, um grande MAS — não fique só nisso! Se nada mudar como resultado da frustração, você pode acabar se vendo preso em um círculo de *tensão acumulada — alívio dramático — repetição da mesma coisa*. Para seu maior conforto, você precisa de mais autoconhecimento. Se cair na armadilha de apenas dizer "isso foi péssimo", sem analisar por que aconteceu, não estará agindo para evitar a recorrência. Igualmente, se disser a si mesmo "isso foi bom", sem analisar por que foi bom, pode acabar não oferecendo a si mesmo experiências satisfatórias. Em ambos os casos, você estará sujeito aos caprichos da sorte.

Após se conscientizar da escalada da tensão, é hora de agir decisivamente. A primeira coisa a fazer é PARAR! Depois, RECUAR! Então, sua conversa interior pode começar.

Essa conversa pode ser feita dentro de sua cabeça ou em voz alta. Correndo o risco de parecer um pouco excêntrica, devo confessar que falar em voz alta comigo mesma é a maneira mais bem-sucedida que conheço para realmente organizar meus pensamentos. É claro que escolho a hora e o lugar e só de vez em quando me pego falando alto ao andar pelas ruas. Tente para ver como funciona!

Escolha uma frase que tenha algum significado para você.
Pode ser algo como "Não estou com medo".
Tente dizer isso dentro da sua cabeça.
Agora pronuncie-a em voz alta e repita algumas vezes.
Fez alguma diferença para você?

O DIABINHO INTERIOR

Todo mundo tem seu diabinho interior. É aquele sabotador íntimo que tenta arruinar a clareza de nossos pensamentos e ações. É aquela voz resmungona que nos diz que nossa opinião está errada, que estamos destinados ao fracasso em tudo o que fazemos, que nunca conseguiremos ser bons o suficiente. Toda vez que nosso diabinho vê a porta aberta, pula alegremente e grita: "Eu bem que avisei, você é um lixo!" Provavelmente ele vai querer levantar a horrorosa cabeça em cada etapa de sua conversa interior. Ele pode representar o que você pensa que *deveria* fazer em vez do que você *quer* fazer. Pode representar seu medo do fracasso: a parte em você que ainda tem de encontrar coragem para correr riscos, a parte em você que não acredita que você é competente ou pelo menos bom o suficiente.

> Tente visualizar seu diabinho interior — talvez seja um animal ou um monstrinho.
> Quais são os primeiros sinais que indicam que seu diabinho está querendo aparecer?
> Como você poderia anulá-lo? (Pense nos métodos mais engraçados possíveis — passe uma fita adesiva na boca dele, prenda-o num baú, enfie a cabeça dele num saco). Não tente matá-lo — afinal, ele também é uma parte sua.

SIGA O SEU RITMO

É muito estressante quando as pessoas querem que tomemos decisões rápidas, porém não é necessário partir para a ação só porque os outros querem. Você tem o direito de ter um tempo para examinar o que realmente quer. Às vezes, pode ter sua conversa interior muito rapidamente ou pode querer se afastar e considerar sua posição com cuidado. Você corre o risco de ser chamado de lento, mas não tem de aceitar essa opinião e pode refazer a acusação, dizendo: "Não, eu não sou uma pessoa lenta, só preciso de um tempo para saber realmente o que sinto sobre isso". Certamente você encontrará maneiras próprias de se ajudar, garantindo o tempo de que necessita para pensar. Aqui estão algumas frases extras que você pode adaptar às suas próprias necessidades:

> Eu lhe telefono depois para falar sobre isso.
> Eu quero pensar para falar sobre isso.
> Bem... deixe-me ver...
> Então vamos repassar o que vimos até aqui.
> Então, o que você está dizendo é que...
> Deixe-me ver se entendi direito...
> Não tenho certeza do que prefiro; preciso pensar um pouco mais sobre isso.

AS CINCO PEGUNTAS-CHAVE

1. O que estou sentindo? O que estou fazendo?

Provavelmente você aprendeu cedo na vida a se "comportar bem" e a reprimir suas emoções. (Todos nós fazemos isso de alguma maneira, mas o grau varia de pessoa para pessoa.) Seu corpo é menos civilizado e provavelmente reconhece e expressa seus sentimentos quando você não está consciente deles. Seu corpo fala em código; ele fala usando a *linguagem corporal* que envolve posições, movimentos, tensões musculares e mudanças na respiração.

No capítulo anterior, aconselhei-o a aprender a reconhecer essas mensagens para lidar, tão cedo quanto possível, com a escalada da pressão. Talvez você queira aumentar sua habilidade, aprendendo agora a entender o código corporal a fim de ler a mensagem mais completamente. Lembre-se: como as tensões corporais são a maneira pela qual seu corpo se comunica com você, dê-lhes as boas-vindas, pois elas vão levá-lo a um maior entendimento de si mesmo.

Assim, a primeira etapa de sua conversa interior começa com:

PARE!	RECUE!
Meus músculos estão rígidos?	Como estou respirando?
Como está minha postura?	Como estou me mexendo?

Você tem algum calcanhar-de-aquiles, algum desconforto físico que reconhece como provocado pelo estresse? Pode ser dor de cabeça de tensão, enxaqueca, irritação dos intestinos, ombros doloridos ou desconforto estomacal. Reconhecer esse desconforto pode ser o começo do desvendamento do código. Se seus sintomas realmente o fazem ficar doente, pode valer a pena examinar a situação e avaliar o que estar doente permite que você faça. Você agora se sente justificado a dizer "não" (sinto muito, estou muito mal para fazer isso) ou a tirar um tempo para si mesmo (tenho de ir para a cama, estou mal). Se é disso que você, a pessoa doente precisa, então isso é o que você precisa ter. Além disso, pode valer a pena tentar satisfazer essas necessidades em momentos em que não estiver doente, de modo a se sentir livre para dizer "não", para tirar um tempo para si mesmo e esperar cuidados sem o castigo da doença. Você pode ter o que deseja sem se sentir um mártir?

Reconhecendo as discrepâncias

Seu corpo, em algum momento, transmite mensagens conflitantes a você (e àqueles com quem você se comunica)? Existe um desacordo entre o significado de suas palavras e seu tom de voz, ou entre o que você está dizendo e como está agindo? A seguir, eis alguns exemplos que observei:

1. Dorothy: "Eu estou bem, obrigada".
   Eu: "Você está dizendo que está bem, mas sua voz soa sem vitalidade e você está apertando o braço da cadeira".
   Dorothy: "Bem, na verdade...". E contou, afinal, o que realmente a estava incomodando.
2. Em uma entrevista, Guy diz que não tem problemas com uma determinada tarefa. Seu corpo diz outra coisa: suas mãos estão fortemente fechadas, ele franze a testa. Quem está dizendo a verdade: suas palavras ou seu corpo?
3. Alice freqüentemente faz comentários ferinos com um sorriso. Ela está expressando sua própria confusão ou está tentando me confundir?

Tente dizer uma coisa e expressar outra como um exercício para começar a reconhecer o desconforto. Você acabará começando a sentir esse desconforto sempre que ele ocorrer na vida real. Assim, poderá fazer soar seu sinal de alarme, dar-se um tempo para parar e tentar examinar o que está fazendo.

2. Que emoções estou expressando?

Depois de reconhecer as tensões do seu corpo, o próximo passo é entender que emoções elas estão tentando expressar. Temos cinco emoções: alegria, satisfação, medo, raiva e tristeza. Muitas vezes podemos experimentar uma combinação dessas emoções, e elas podem lhe dizer que variedade de sentimentos você está vivendo. Para cada uma dessas emoções, há uma gama de intensidade. Aqui estão algumas das reações que você pode ter; encontre você também outras palavras para designá-las:

Alegria: feliz, contente, excitado, exultante, radiante, eufórico.
Satisfação: calmo, tranqüilo, realizado, feliz, satisfeito.
Medo: preocupado, apreensivo, ansioso, temeroso, assustado, em pânico, aterrorizado.
Raiva: cheio, ressentido, colérico, passado, enfezado.
Tristeza: infeliz, aflito, angustiado, perturbado, consternado.

Talvez você ache difícil saber o que realmente está sentindo. Talvez ache que entender suas emoções é autocomplacência, ou pode ter aprendido bem jovem, em casa ou na escola, que deve engolir seus sentimentos e continuar vivendo. Se você já observou crianças pequenas, não pode ter deixado de perceber que elas expressam suas emoções de forma extrema e sem reservas. Não há nada mais puro que a raiva de um bebê. Quando recém-nascido, você não tinha problemas em viver suas emoções mas, como foi treinado para se tornar socialmente aceitável, aprendeu a abafá-las. A dificuldade ocorre quando esse controle vai longe demais e você se distancia de seus sentimentos. Agora é o momento de tentar alcançar essas expressões escondidas; a maturidade não vai deixar que você se torne outra vez um bebê aos berros.

Você está na etapa da conversa interior em que pergunta a si mesmo: "O que minhas tensões corporais estão dizendo sobre como me sinto?" Se tiver consciência de alguma resistência em admitir esses sentimentos, talvez precise ir devagar no princípio e aos poucos testar os sentimentos mais fortes. Por exemplo: "Estou um pouco de saco cheio... Bem, estou mesmo irritado... Na verdade, estou furioso!"

Pode ser útil conversar consigo mesmo fazendo uma *exploração emocional*, que vem a ser uma "lista de checagem de sentimentos" que pode ajudá-lo a localizar as emoções que está expressando.

Você poderia se perguntar:
    Estou me sentindo triste?   Estou com medo?
    Estou sentindo raiva?
Depois, pode dizer em voz alta para si mesmo:
    Estou me sentindo triste!   Estou com medo!
    Estou com raiva!

Algumas pessoas acham que suas emoções ficam mais acessíveis se amassarem um travesseiro, falarem qualquer coisa que passar por sua cabeça, ou se forem para um lugar tranqüilo meditar. Você saberá qual é a melhor maneira para chegar a seus sentimentos.

Reconhecer e viver seus sentimentos pode ser tudo de que precisa no momento. Você só pode avançar quando estiver pronto e em seu próprio ritmo. Vá com cautela, no entanto, se ficar preso em uma emoção que lhe cause dor. Talvez decida que quer correr o risco de dar pequenos passos adiante (e possivelmente para trás também) para testar a água. Talvez você precise se arriscar à dor e se perguntar se pode sobreviver a isso.

3. O que a emoção está me dizendo?

Vamos examinar o que nossas cinco emoções expressam.

Alegria: Estou alegre.
Satisfação: Estou satisfeito.
Medo: Estou com medo de alguma coisa (uma realidade ou uma percepção da realidade).
Raiva: Minhas necessidades não estão sendo satisfeitas.
Tristeza: Perdi alguma coisa (realidade concreta ou percebida).

Podemos explorar mais completamente o que isso significa para nós.

Alegria: Que alegria estou sentindo no momento ou que alegria estou antecipando?
Satisfação: O que me satisfez ou o que, no momento, está me dando satisfação?
Medo: De que tenho medo ou que risco estou correndo?
Raiva: Que necessidade minha não está sendo atendida? O que eu quero que é diferente de como as coisas estão no momento?
Tristeza: O que perdi ou estou prestes a perder?

Muitas de nossas experiências envolvem uma variedade de emoções que com freqüência parecem ser conflitantes. Por exemplo: uma aventura pode causar ansiedade e também excitação. A raiva pode levar à ação que resulta em satisfação, e freqüentemente é confundida com culpa e agressão. Não é necessário estar com raiva *de alguém* ou *de nós mesmos*, embora certas atitudes de uma pessoa possam nos deixar com raiva. Atribuir culpa a alguém pode ser um desperdício de energia e não levar à solução do problema. Se o foco estiver no reconhecimento da necessidade, é possível chegar à próxima etapa da conversa.

4. O que eu quero?

Você se sente culpado ao refletir sobre o que quer? Agir dessa maneira não necessariamente o torna um egoísta. Talvez você ache que existe um conflito de necessidades e que é importante ser um bom pai/mãe/filho/irmão/patrão/empregado. Nesse sentido, talvez decida que sua necessidade de apoiar alguém é mais importante no momento que sua necessidade de ser atendido. Talvez decida que não deseja ser assertivo nem agir. Você pode escolher fazer qualquer uma dessas coisas, e será um pensamento refletido se acontecer nesta etapa de sua conversa interior. Você está se assegurando o direito de se comportar como deseja e pode se responsabilizar por sua ação ou não-ação. Afinal, a vida não precisa ser uma batalha que tem de ser vencida.

Você pode conseguir algumas pistas sobre suas necessidades ao fazer declarações objetivas sobre si mesmo:

Eu sou quieto... Preciso de uma atmosfera calma, pacífica.
Eu penso e ajo lentamente... Preciso de tempo.
Sou ordenado.... Preciso de um espaço sem algazarra.
Respondo bem quando pressionado... Preciso de estímulo.

Se precisar de mais ajuda para tomar conhecimento do que realmente quer, talvez considere útil usar uma das seguintes estratégias:

> 1. Escreva suas idéias em um "diário de pensamentos" (pensamentos e idéias ao acaso, à medida que lhe ocorrerem).
> 2. Grave seus pensamentos em uma fita cassete.
> 3. Deixe-se ficar completamente relaxado e então se imagine fazendo um pedido a sua fada-madrinha. Comece cada frase com as palavras "Eu preciso".
> 4. Faça uma lista das palavras que melhor descrevem o que está sentindo, depois veja aonde elas levam você.
> 5. Projete a situação existente em uma tela. Depois, mude os detalhes até achar que o resultado é o melhor que pode alcançar.

Algumas vezes, tentar dar outras definições às palavras que você usou para descrever como está se sentindo pode ajudar a lhe dar maior discernimento com relação ao que deseja. Por exemplo, usar a palavra "ressentimento" pode significar que você está preso em um compromisso que não gostaria de ter. A palavra "frustração" pode indicar que está em uma situação sobre a qual não tem controle. Se você está "cheio", pode estar sentindo que agüenta muito, mas quer dar um basta.

Se quiser ter um panorama sobre o que está acontecendo, tente descrever a situação primeiramente de seu próprio ponto de vista e depois através dos olhos dos outros. Se falar ou escrever na primeira pessoa, imaginando que você é aquela pessoa, achará mais fácil entender o que os outros estão pensando e sentindo. Isso pode ajudá-lo a passar para a quinta etapa.

5. O que posso fazer com relação a isso?

Agora que você tem consciência, pode escolher como reagir. Se estiver passando por uma emoção que indica que está sofrendo, provavelmente necessitará de consolo. Portanto, tente dar a si mesmo algum conforto. É fácil cair no hábito de ser muito duro na autocrítica e você, provavelmente, acha mais fácil consolar os outros. Talvez possa imaginar como outra pessoa poderia ser gentil com você, depois decidir não esperar por ela e, em vez disso, agir você mesmo a seu favor.

Este é o momento de examinar a lista de seus critérios pessoais para medir o sucesso. Às vezes, a habilidade de tolerar "fracassos" paradoxalmente pode ser um "sucesso".

Talvez você ache que sua resposta à questão cinco é simplesmente "aceite". Nem sempre é possível mudar o que está acontecendo, mas, pelo menos, você pode mudar sua percepção. Uma tarefa onerosa, por exemplo, pode tornar-se um desafio. Se estiver com medo de alguma coisa, depois que admitir isso, pode decidir ir em frente de qualquer maneira — sentir a ansiedade e continuar, seja como for. Se você se lembrar de que o medo é o outro lado da excitação, depois que aceitá-lo, não precisa parar porque sente medo. Como a raiva é a emoção que pode colocar você em contato com suas necessidades, é também uma fonte de energia para a mudança. Não estamos falando de agressão e culpa, e sim da força impetuosa que está por trás da motivação que leva, no final, à alegria e à satisfação da realização pessoal.

O Capítulo 11 examina os caminhos a seguir e oferece sugestões que podem ajudar.

Um exemplo de conversa interior (solilóquio)

P1: O que estou sentindo e fazendo?
R.: Os músculos de meus ombros estão tensos, estou cerrando os punhos. Acabei de fazer um comentário sarcástico.
P2: Que emoções estou expressando?

R.: Realmente não sei.
P: Você está se sentindo zangado, assustado, triste?
R.: Sim, acho que estou chateado e um pouco ansioso. Sim, estou zangado e assustado.
P3: O que isso está me dizendo?
R.: Eu não quero competir por esse contrato. Estou com medo e não vou estar à altura da reunião.
P4: O que eu quero?
R.: Quero ser capaz de aceitar que posso perdê-lo. Quero compreender que só posso fazer o melhor de que sou capaz e é possível que eu falhe. Preciso de confiança para saber que mesmo se for mal com isso, existe muita coisa que eu faço bem.
P5: O que posso fazer sobre isso?
R.: Devo me preparar muito bem para a reunião, usar toda a ajuda possível. Devo enfrentar o medo e achar a coragem de me arriscar a fracassar. Preciso pensar em caminhos alternativos como um apoio. Se não tiver sucesso, vou tomar o cuidado de me dar apoio e não culpar a mim nem aos outros pelo resultado.

CAPÍTULO 6

Introdução às técnicas de relaxamento

APRENDA A CONHECER SEUS MÚSCULOS

POR QUE APRENDER A RELAXAR?

Você está prestes a começar a praticar uma técnica que vai ajudá-lo a se responsabilizar pelas reações de seu estresse. Ao aprender a se soltar, você empreenderá uma jornada de auto-enriquecimento. Viajará em direção à aquisição do prazer de possuir mente tranqüila em um corpo calmo, um sentimento total de bem-estar.

O relaxamento físico pode parecer fácil, mas é uma habilidade que deve ser aprendida e praticada. Quando observamos as crianças tentando movimentar-se, vemos que primeiro elas engatinham, se levantam, dão alguns passos e depois voltam correndo para a mãe, procurando segurança. Com o tempo, acabarão sendo capazes não só de caminhar e correr com graça, como também lidar com o acaso e escolher as próprias direções. Logo poderão fazer tudo isso sem ter que se concentrar na habilidade necessária. É a alegria das habilidades práticas — elas acabam se tornando uma segunda natureza e já não precisamos nos concentrar para realizá-las. No momento, vamos ter que começar nossa jornada como se fôssemos crianças. Nosso destino é um estilo de vida que pode ser sereno, calmo e criativo.

Nos capítulos que seguem você aprenderá as habilidades gerais de relaxamento, e depois maneiras de aplicar as técnicas de lidar com desconfortos emocionais e físicos, a fim de que seja capaz de ficar à vontade consigo mesmo e com os outros em todos os tipos de situação.

Estas são algumas das áreas emocionais e de relacionamentos em que se acredita que a aplicação de técnicas de relaxamento pode ajudar:

insônia	agitação	ansiedade
falta de confiança	situações tensas	lidar com outras pessoas

Não estou sugerindo que o relaxamento cura tudo; porém, ajuda a reduzir em grande medida as aflições de muitos problemas físicos. Eis alguns problemas que podem ser aliviados:

enxaqueca	dores de cabeça nervosas .	indigestão
pressão sangüínea alta	músculos tensos	dores nas costas
intestinos irritados	dores crônicas	convalescença pós-operatória

Devo enfatizar que você não deve se autodiagnosticar se estiver sentindo qualquer sintoma físico. Sempre é preciso procurar orientação médica. No entanto, aprender a relaxar para ser capaz de enfrentar o desconforto não faz nenhum mal e não apresenta efeitos colaterais. De fato, o relaxamento profundo ajuda ativamente na recuperação e na cura. Se não for encontrada uma causa orgânica para seu problema — que pode ser uma resposta direta à tensão —, então talvez a única coisa de que precise seja relaxamento.

COMO O RELAXAMENTO FUNCIONA

Examine novamente as respostas de lutar-ou-fugir no Capítulo 2 (páginas 24-26). Três reações foram destacadas. Relacionadas com a respiração e tensões musculares, são as únicas sobre as quais você tem algum controle direto. Você pode aprender a tornar sua respiração mais lenta, a respirar mais profundamente e a relaxar seus músculos. Surpreendentemente, quando isso começa a acontecer, as outras reações também mudam de modo automático. Por exemplo, se você acalmar sua respiração e relaxar seus músculos, perceberá que seu pulso diminui o ritmo, o tremor pára, a náusea passa e as palmas das mãos secam.

O treinamento de relaxamento vai orientar você mediante uma série de exercícios e jogos cuidadosamente graduados que lhe trarão de volta o controle sobre a respiração e tensões musculares, bem como o ajudarão a acalmar a mente.

RECONHECER A TENSÃO MUSCULAR E O RELAXAMENTO

O hábito de enrijecer os músculos acaba fazendo parte de nós sem que o percebamos. Incorpora-se ao nosso comportamento e não raro só quando estamos extremamente tensos, talvez sofrendo de alguma dor nas costas ou na nuca, é que percebemos afinal o que está nos acontecendo. Os músculos tensos têm que gritar para que possamos percebê-los. Você não quer que seus músculos o controlem — o chefe é você! Portanto, é necessário treinar para perceber como é sentir a tensão em todos os grupos de músculos em seu corpo, antes de poder tentar relaxá-los. Uma boa maneira de fazer isso é ir passo a passo pelo corpo todo, primeiro enrijecendo depois relaxando cada grupo de músculos.

Se quiser gravar seu próprio guia a fim de escutá-lo, leia o seguinte roteiro de exercício enrijeça/relaxe em uma fita cassete. Deixe vários intervalos em sua leitura para não ter que se apressar. Depois, deite e siga facilmente as instruções. Não se preocupe se está indo bem ou não. À medida que pratica, ficará cada vez melhor. Apenas curta o exercício. A palavra RELAXE é repetida freqüentemente. Não porque perdi meu dicionário, e sim porque muitas pessoas acham que é bom associar a saída da tensão com uma palavra-chave. Se preferir, escolha outra palavra para você.

Ponha-se em uma posição confortável. Pode sentar ou deitar. Feche os olhos, relaxe os braços e descruze as pernas. Deixe seu corpo ficar pesado e mole. Pense na palavra RELAXE como um foco enquanto deixa toda a tensão sair de você. Permita que um sentimento quente de relaxamento invada mais e mais seu corpo. Não tente controlar sua respiração. Siga seu próprio ritmo. Deixe sua respiração no ritmo normal, suave e relaxada. Inspire e expire pelo nariz. Ao inspirar, sinta seu abdômen levantar-se ligeiramente. Ao expirar, repita a palavra RELAXE para si mesmo enquanto se sente afundar.

Ao enrijecer e relaxar os grupos musculares de seu corpo, você aprenderá a reconhecer a diferença entre tensão e relaxamento em seus músculos.

Primeiro, focalize os músculos de suas pernas e pés. Enrijeça esses músculos esticando suas pernas e apontando os dedos do pé como se estivesse tentando fazer as pernas ficarem 10 centímetros mais compridas. Continue a esticá-las e sinta o aperto na barriga das pernas e tornozelos — e RELAXE. Solte os músculos e deixe-os soltos e moles.

Agora, concentre-se nos músculos das coxas, quadris e na parte de baixo das costas. Você pode enrijecê-los pressionando junto o alto das coxas e as nádegas. (Se for mulher — puxe ao mesmo tempo os músculos da pélvis entre suas pernas.) Imagine que precisa ir ao banheiro, mas tem de esperar. Relaxe os músculos de suas nádegas e coxas e separe as pernas, deixando-as pesadas e moles.

Agora, concentre-se nos músculos do abdômen. Puxe-os para dentro e aperte. Imagine que está usando um cinto muito apertado — e depois solte. Ao sentir o relaxamento se espalhar pelos músculos abdominais, observe a diferença entre tensão e relaxamento neles.

Pense agora nos músculos de seu tórax. Se respirar profundamente estará enrijecendo esses músculos. Inspire o mais profundamente que puder e segure. Sinta como se estivesse usando um suéter duas vezes menor que o seu tamanho. Sinta a tensão no seu tórax — e lentamente expire. Agora, volte a sua respiração normal e suave. Cada vez que soltar o ar, diga a palavra RELAXE em sua mente e deixe-se cada vez mais solto.

Enrijeça agora os músculos de seus ombros. Encolha-os bem e puxe-os até suas orelhas, o mais que puder. Permaneça assim — e RELAXE. Deixe os ombros caírem. Sinta a tensão diminuir. Concentre-se na palavra RELAXE enquanto expira com os ombros bem confortáveis.

Depois, concentre-se em seu tríceps. São os músculos de trás da parte superior de seus braços. Com as palmas viradas para cima, estique os braços o mais que puder. Pressione-os para trás e sinta-os se enrijecerem. Imagine que está tentando achatá-los contra a parede ou contra o chão. Concentre-se na tensão — e RELAXE. Deixe os músculos da parte de trás dos braços ficarem completamente soltos.

Pense agora nos bíceps, que são os músculos da frente da parte superior do seu braço. Enrijeça esses músculos curvando os braços na altura dos cotovelos. Puxe os punhos em direção a seus ombros, mas deixe as mãos relaxadas. Sinta seus bíceps enrijecendo — e RELAXE. Solte os braços.

Enrijeça os músculos de suas mãos e antebraços. Aperte os punhos o mais firmemente possível. Aperte firmemente. Imagine a sensação que teria se estivesse usando uma chave de fenda em um parafuso muito resistente. Sinta a tensão — e RELAXE. Relaxe e lembre-se de como é sentir a tensão em suas mãos e braços e observe como parecem diferentes agora que estão confortavelmente relaxados.

Focalize os músculos de seu pescoço. Pressione a cabeça para trás tão forte quanto consiga e sinta a tensão em sua nuca.

Segure — e RELAXE. Agora, balance suavemente a cabeça. Curta a sensação de aperto se afastar.

Existem muitos músculos em seu rosto. Quero que você aprenda a reconhecer quando eles estão tensos ou relaxados.

Primeiro, enrijeça os músculos da testa. Você pode fazer isso levantando as sobrancelhas como se estivesse surpreso. Sinta a tensão. Segure — e RELAXE. Deixe as sobrancelhas voltarem ao lugar. Permita que seu semblante se suavize.

Enrijeça os músculos ao redor dos olhos. Franza as sobrancelhas o mais que puder. Estique bem. Aperte forte — e RELAXE. Deixe suas pálpebras levemente fechadas. Concentre-se na palavra RELAXE e lembre-se das sensações diferentes entre tensão e relaxamento nos músculos da testa e ao redor dos olhos.

Agora, enrijeça os músculos ao redor da boca. Aperte os lábios juntos tão firme quanto possa e franza-os como em um beijo bem exagerado. Estique bem — e RELAXE. Deixe seus lábios ligeiramente fechados, soltos e confortáveis.

Concentre-se nos músculos dos maxilares. Morda os dentes juntos tão apertado quanto consiga. Sinta a tensão — e RELAXE. Separe levemente os dentes e deixe-os confortáveis.

Agora, concentre-se em enrijecer os músculos de sua língua e garganta. Ponha a ponta da língua no céu da boca e pressione-a tanto quanto consiga. Imagine que está tentando engolir uma pílula muito grande. Sinta o aperto na língua e na garganta. Pressione mais — e RELAXE. Deixe sua língua ficar solta no chão da boca atrás de seus dentes inferiores.

Permita que essa sensação quente de relaxamento flua dos dedos de seus pés para a sua cabeça e para baixo outra vez, deixe que entre completamente em você. Lembre-se de como era sentir a tensão em seus músculos e como se sente agora: relaxado, confortável, calmo e sereno. Fique relaxado por alguns momentos, curtindo a sensação de alívio da tensão. Depois, respire profundamente, espreguice e termine a sessão.

Muitas pessoas me relataram que, depois de fazer esse exercício enrijeça/relaxe, tomaram consciência de músculos que nem sabiam que possuíam. Agora são capazes de reconhecer quando estão sob tensão! É por esse motivo que é importante repetir o exercício. Trata-se de uma maneira de apresentar seus músculos a você para que possa conhecer mais intimamente suas próprias reações. Quantas vezes você deve praticar e por quanto tempo — isso fica inteiramente a seu critério. Algumas pessoas acham que uma sessão diária é útil até se sentirem confiantes de que realmente estão sensíveis a suas reações, o que pode levar de alguns dias a algumas semanas.

Devo enfatizar que o exercício que acabamos de descrever é um treinamento que o ajudará a sentir a diferença entre tensão e relaxamento em seus músculos. Não é a experiência completa de relaxamento. Depois que puder reconhecer facilmente a sensação de tensão nos músculos, você já não vai mais ignorá-la. Estará pronto para ir em frente e aprender o *Relaxamento profundo* (Capítulo 8), que o capacita a desembaraçar completamente todo o seu corpo sem se enrijecer.

GATILHOS PARA LIBERAR A TENSÃO

Ao se tornar cada vez mais consciente de suas tensões musculares por meio de sessões práticas, você pode começar a utilizar essa consciência em outros momentos do dia.

> Você consegue notar como seus músculos se enrijecem quando necessário para executar uma tarefa normal?
> Você normalmente relaxa os músculos depois que terminou a tarefa?
> Você enrijece músculos extras que não são necessários para a tarefa?
> Você enrijece os músculos quando não há nenhuma necessidade de fazê-lo?
> Seus músculos estão se enrijecendo para exprimir seus sentimentos e não para serem usados como "ferramentas"?

Seus músculos são ferramentas preciosas. Você deve exercitá-los e fortalecê-los mas como o mestre que os controla, não como vítima de seus caprichos. Comece a prestar atenção em suas maneiras pessoais de enrijecê-los. Nas figuras da página seguinte, pinte as áreas que você tem noção de que habitualmente ficam sob tensão. Talvez alguém que o conheça bem possa fazer alguns comentários.

Ao tomar consciência de suas áreas tensas, você pode começar a tentar relaxá-las. Se achar difícil no começo, exagere a tensão como no exercício enrijeça/relaxe a fim de perceber a diferença. À medida que for melhorando, será capaz de relaxar logo depois do comecinho da tensão.

As áreas pessoais de tensão muscular podem ser usadas como seus *gatilhos para liberar a tensão*. Ao se concentrar nelas, elas lhe dirão que você não está relaxado. Meus principais gatilhos são os músculos dos ombros. Quando sento em minha cadeira, já percebo que meus ombros começam a se mover para cima. Depois que solto a tensão desses músculos, o resto do corpo faz a mesma coisa. Tente checar seus gatilhos em intervalos regulares. Se eles são mais difusos, comece usando uma listagem para seu exame ou uma exploração corporal.

Introdução às técnicas de relaxamento 75

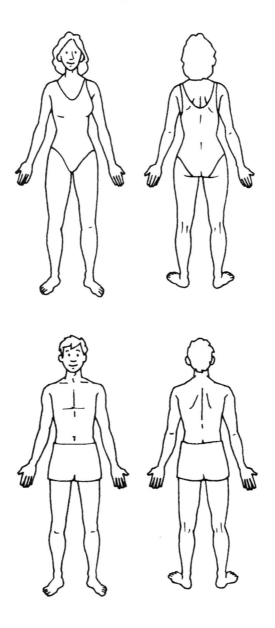

Como estão minhas sobrancelhas?	Como estão meus ombros?
Como estão minhas mãos?	Como estão meus maxilares?

Você é possuidor de algum maneirismo que poderia lhe indicar que está enrijecendo seus músculos sem necessidade? Os mais comuns são rabiscar, balançar alguma parte do corpo, agarrar os braços de sua cadeira ou a direção e ranger os dentes.

Uma vez, quando eu estava usando sandálias, uma amiga comentou que eu tinha "dedos muito móveis". Por isso, acrescentei os dedos dos pés a minha lista, pois notei que, com freqüência, quando acho que meus músculos estão relaxados, meus pés, escondidos de minha vista, estão dançando sem razão!

> Lembro-me de estar sentada fazendo um exame em um salão muito grande, eu tinha que me esforçar muito para não ser perturbada pelo comportamento nervoso dos outros estudantes. Ao meu redor, podia escutar papéis sendo amassados, cadeiras sendo arrastadas e, ao meu lado, um homem que passou a maior parte das três horas do exame batendo a caneta na mesa. Tive que ser inflexível em meu esforço de dedicar minha atenção à prova a minha frente. Teria sido fácil culpar os outros por minha falta de atenção. Em vez disso, foi necessário confirmar a mim mesma que aquelas pessoas estavam dando respostas inadequadas à situação estressante em que estávamos. Era um problema deles, não meu.

Uma mulher na minha aula de "resposta a estresse" anunciou que não podia praticar o relaxamento aquela semana porque consertos estavam sendo feitos na rua e o barulho estava invasivo demais. Ela estava culpando os outros por sua incapacidade de relaxar quando, na verdade, deveria ter uma nova determinação para encarar a oportunidade de testar suas técnicas recém-adquiridas. No final, acabou aprendendo a aceitar o desafio e permanecer calma, mesmo com algazarra ao seu redor. Ela descobriu que, ao entender que o barulho não tinha nada a ver com ela, conseguiria se responsabilizar por suas próprias reações.

- Reconheça o incômodo.
- Não procure culpados.
- Reconheça que ele não tem nada a ver com você.
- Volte ao trabalho em andamento.

RECONHECENDO O COMEÇO DA TENSÃO

Se sua tensão muscular desnecessária se tornou muito forte e habitual, você achará muito difícil controlá-la. Por isso, é importante não esperar até ficar com os músculos completamente presos. Se conseguir localizar o comecinho da tensão, será capaz de lidar com a situação rápida e eficientemente.

> Retese muito levemente os músculos em seus ombros de modo a poder sentir o momento que eles puxam, mesmo quando você não os tiver movido de maneira evidente. Relaxe.
> Coloque as palmas de suas mãos apoiadas numa mesa, puxe seus dedos para trás a fim de retesar levemente os músculos, verifique se consegue perceber a tensão sem ver realmente nenhum movimento. Relaxe.

AUXÍLIOS PARA O SUCESSO

Algumas pessoas acham que manter um diário pode ajudar o aprendizado de novas habilidades. Assim, elas podem registrar as dificuldades encontradas e como as venceram. É proveitoso listar o que foi conseguido; e, para alguns, dar nota em uma escala de um a dez pode ser útil. Se você tiver uma tendência a se subestimar ou se desencorajar facilmente, tenha cuidado, certifique-se de que está sendo construtivo em suas críticas e use palavras de estímulo.

Por favor, não se preocupe com seu progresso. Ninguém o estará avaliando. Pouquíssimas pessoas têm um momento de "Eureka!". A mudança ocorre aos poucos, fica mais fácil com o tempo e é completamente pessoal. A maneira como você usa este livro pode ser completamente diferente da maneira como outra pessoa o faz, e não existe certo nem errado. O livro existe para ser seu guia e ajudá-lo — para segurar sua mão em sua jornada. Entretanto, é responsabilidade sua fazer disso uma experiência boa para si mesmo.

CAPÍTULO 7

Responsabilize-se por sua respiração

EXPIRE A TENSÃO PARA FORA

A respiração é uma parte tão fundamental da vida, o primeiro e último ato, que se tornou uma metáfora para a força da existência. A palavra é usada de várias maneiras para descrever reações que podem ter significados emocionais em frases como:

Perder a respiração
 (por prazer ou medo)

Parar para dar uma respirada
 (para descanso ou alívio)

Com a respiração suspensa
 (conter-se por reverência ou medo)

Beleza de perder o
 fôlego

Suspirar
 (lamentar-se)

Desperdiçar o fôlego
 (falar sem resultado)

Você deve se lembrar de que na lista de reações lutar-ou-fugir, no Capítulo 2, três reações eram controláveis e duas delas se relacionavam com a respiração.

A respiração tem quatro estágios:

1. Inspirar
3. Expirar

2. Manter o ar nos pulmões
4. Pulmões esvaziados

Sente-se calmamente e preste atenção na sua respiração. Reconheça os quatro estágios, mas não tente controlá-los. Tente observar como se sente em cada um dos estágios.

Você notou que os estágios 1 e 2 são as partes tensas do ciclo e que os estágios 3 e 4 são as partes relaxadas? Ao inspirar, os músculos entre as costelas, os músculos abdominais do diafragma (a folha de músculos debaixo dos pulmões), todos se retesam para aumentar a cavidade torácica. Isso faz o ar passar pelos pulmões. Enquanto o ar está sendo mantido ali, todos esses músculos permanecem tensos. Quando relaxam, as costelas, que foram puxadas para dentro e para fora, voltam a sua posição original; os músculos abdominais, que se expandiram, se achatam; e o diafragma, achatado quando tenso, retorna à posição relaxada. Quando esvaziados, o tórax permanece em posição relaxada. Assim, os músculos usados para respirar estão constantemente se enrijecendo e relaxando. A respiração confortável, saudável, portanto, leva o ar para as profundezas dos pulmões e faz o corpo relaxar quando o ar sai. Em estado de alarme, a respiração se torna mais rápida, e os músculos da parte superior do tórax começam a ofegar. Isso é muito útil se muita energia estiver sendo usada num esforço físico ou para enfrentar os tigres! Em outros momentos, causa hiperventilação (respiração exagerada), que pode provocar tontura e contribuir para sentimentos de agitação.

> Você já observou alguém respirando de maneira tensa, com os ombros curvados, a parte de cima do tórax se erguendo e o ar sendo inspirado em arquejos rápidos?
> Percebeu como isso afetou a fala dessa pessoa, causando falta de fôlego e respiração entrecortada?
> Lembra-se de que mensagens ela transmitiu assim sobre si mesma e o que isso fez você sentir?
> Você percebe quando *sua* respiração reflete a sua tensão?

Respirar com a parte superior do tórax é uma reação ao alarme, mas é também um gatilho para todo o processo.

Se a respiração ansiosa tornar-se um hábito, mesmo quando não houver razão especial para isso, ter-se-á como resultado uma pessoa constantemente em estado de alerta com pouco controle.

CONTINUE RESPIRANDO

Vimos que manter a respiração é a parte tensa do ciclo respiratório. Isso estará muito bem se o equilíbrio constante de inspirar e exalar se mantiver. Se segurarmos o ar por períodos muito longos, isso ou reflete um estresse já presente ou pode induzir a sentimentos de ansiedade. Se os músculos usados na respiração estiverem sendo mantidos em estado de tensão, é muito provável que os demais músculos do corpo se enrijeçam em solidariedade. Assim, enquanto a permanência do ar nos pulmões estiver sendo prolongada, os ombros provavelmente estarão puxados para cima e o rosto estará formando linhas soturnas.

Muitas pessoas têm o hábito de segurar a respiração enquanto estão fazendo tarefas que requerem concentração. Não sei por que isso acontece, talvez esteja ligado à ansiedade em relação ao cumprimento da tarefa. Já notei que tenho a tendência de segurar minha respiração quando enfio uma linha na agulha. Seguro a agulha distante de mim na tentativa de desafiar o avanço da meia-idade e negar que minha vista está cada vez mais cansada. Talvez segurar a respiração seja um reflexo da ansiedade em relação a tudo isso. Seja qual for a razão, é importante que eu possa romper o hábito, manter minha calma continuando a respirar normalmente — e recorrer a óculos para enxergar de perto!

> Karen estava muito preocupada com os freqüentes estados de ansiedade e depressão de seu esposo, o que estava criando uma área sombria na casa. Em algumas manhãs, deitada ao lado dele, ela podia escutá-lo segurar a respiração por

longos períodos (às vezes 30-45 segundos), seguidos por uma exalação rápida, barulhenta, e igualmente ruidosas arfadas de ar. Aí ele começava outra vez. Ela sabia que isso sempre anunciava um dia ruim. Sua respiração provavelmente estava refletindo seu humor, mas também sendo um componente do problema ao fazer com que começasse o dia com os músculos presos, em estado de alerta. Além disso, Karen se viu refletindo a tensão dele e teve de conscientemente procurar se livrar disso fazendo com que pelo menos começasse o dia respirando calmamente e relaxando seus músculos cada vez que expirava.

Observe se você segura ou não sua respiração quando está muito concentrado.
Certifique-se de respirar calmamente, deixando seus músculos relaxados cada vez que expirar.
Use sua lista pessoal para identificar e relaxar seus gatilhos de alívio de tensão.
Talvez seja bom usar um pouco de conversa interior para explorar a natureza de sua tensão.

RESPIRAÇÃO NATURAL E CALMA

Há diferença entre uma *grande* respiração e uma respiração *profunda*. Na primeira, você inspira o máximo de ar possível, enchendo o pulmão em sua capacidade máxima. Isso só é necessário para um esforço máximo e, se repetido muito freqüentemente, pode causar hiperventilação. Agora eu entendo por que tinha tonturas quando, criança, seguia o conselho de um professor e dava várias respiradas grandes de ar gelado pela janela aberta de meu quarto toda manhã. As respiradas grandes não devem ser repetidas mais do que uma ou duas vezes antes de um descanso. Com uma respiração calma e saudável, inspira-se o ar profundamente até embaixo do tórax (a cavidade do peito) enquanto os ombros permanecem abaixados e a parte superior do peito, parada. Essa é uma respiração *profunda*. Nós precisamos de muito pouco oxigênio para funcionar — se alguma vez já fez respiração boca-a-boca, sabe do que estou falando. A pequena quantidade de oxigênio que é "gasta" quando o ressuscitador expira dentro da boca do paciente é suficiente para mantê-lo vivo, portanto não necessitamos de muito ar; contudo, a pequena quantidade de que precisamos deve passar lentamente, profundamente em nosso peito.

Quando aprender a controlar sua respiração, perceberá que pode conscientemente se acalmar e ajudar seu corpo a ser mais eficiente. Você pode fazer isso "puxando" o ar para dentro ao mesmo tempo que distende seu abdômen, deixando o ar sair enquanto achata os músculos abdominais.

Coloque sua mão sobre o abdômen entre a base de suas costelas e o umbigo.

Distenda os músculos abdominais para criar uma protuberância grande e depois achate-os outra vez, fazendo sua mão subir e descer.

Exagere a ação para se familiarizar com a maneira como seus músculos abdominais podem se mover.

EXERCÍCIO 1

Não se trata realmente de um exercício, e sim de uma introdução à experiência de desfrutar e praticar uma respiração calma e relaxada. Geralmente é necessário concentrar-se nela até que se torne sua maneira de respirar na maior parte do tempo. Primeiro, vou descrevê-la a fim de que você se familiarize com o resultado desejado. É útil saber reconhecer o ideal ao qual se aspira mesmo se achar difícil alcançá-lo. Os exercícios iniciadores e os exercícios 2 e 3 que vêm a seguir podem constituir ferramentas úteis para ajudá-lo a se soltar e aliviar as tensões antes de começar o exercício 1.

É mais fácil começar deitado. Você deve estar tão confortável quanto possível e bem apoiado. Veja se está bem abrigado; talvez queira se cobrir com uma coberta leve. Use roupas soltas, especialmente ao redor da cintura, peito e pescoço.

Solte os ombros e tente relaxar as tensões de seu corpo.
Expire.
Inspire lenta e calmamente.
Expire outra vez, também calmamente.
Demore mais para expirar do que para inspirar.
Concentre-se em se sentir pesado e mole enquanto expira.
Faça uma pausa e fique vazio por um momento.
Inspire outra vez e continue o ciclo, diminuindo gradualmente seu ritmo.

Enquanto pratica, se quiser pode colocar uma mão na parte superior do peito para verificar se ele não está se movendo para cima e para baixo, e a outra levemente em seu abdômen de modo a sentir se ele está se levantando e abaixando suavemente. Se seus músculos abdominais estiverem se movendo, você está usando corretamente seu diafragma. Com o tempo, não precisará fazer essa verificação.

Podemos aprender muito com os gatos sobre como relaxar. Imagine um gato dormindo na areia macia. Se você o levantasse e olhasse para a marca que ele deixou na areia, constataria que ela teria a forma de seu corpo, sem deixar nenhum espaço em virtude de músculos arqueados e tensos. Ao relaxar enquanto expira, pode ser útil tentar imitar um gato totalmente relaxado. Imagine que você, também, está deitado na areia macia e tente, ao expirar, deixar uma marca completa, sem espaços causados por músculos arqueados e tensos. Pratique esse exercício por pelo menos cinco minutos algumas vezes por dia até que se torne a maneira natural de você respirar quando em descanso. Isso não apenas o ajudará a relaxar seus músculos, como acalmará o ritmo de sua pulsação e, como um bônus, estimulará a liberação de endorfinas (o analgésico criado pelo próprio corpo) em sua corrente sangüínea. Assim, a respiração lenta, profunda, é uma maneira suave de ajudá-lo a enfrentar a dor ou a doença. Pessoas que sofrem de alguma dor intratável algumas vezes descobrem que conseguem driblá-la com a respiração relaxada e profunda que as leva a flutuar sobre a dor.

Caso considere esses exercícios uma tirania, e se preocupe com seu desempenho, certamente sentirá a tensão que está tentando evitar. Portanto, se julga que trabalhar sua respiração é um problema, não se force. Provavelmente você é uma dessas pessoas que preferem se concentrar no gato estirado na areia e se conduzir ao relaxamento por meio das reações musculares. Também é provável que descubra que sua respiração se acalma quando pára de pensar nela!

Agora é o momento de começar a usar a respiração relaxada e suave quando estiver quieto, sentado ou em pé. Depois, experimente respirar calmamente enquanto estiver andando e fazendo coisas.

EXERCÍCIOS INICIADORES

Você pode achar difícil respirar calmamente se tiver consciência de que está passando por uma reação ansiosa. Pode sentir seu coração batendo, sua respiração acelerada e superficial, e precisa de alguma ajuda para começar — uma introdução aos exercícios 1, 2 e 3. Um alongamento e um bocejo podem ser tudo de que precisa. Se precisar de algo mais, tente um destes:

O boneco de gelo derretendo

Imagine que você é um boneco de gelo no jardim.
Está um frio insuportável e você está gelado, duro e sólido.
Inspire fundo, segure o ar e concentre-se em como é sentir-se tão duro.
Agora sinta o sol quente em você.
Solte o ar lentamente enquanto derrete.
Volte ao exercício respiratório 1.

Fantoches no cordão

Lentamente, dê uma grande inspirada enquanto imagina que seus cordões estão sendo puxados para que você fique duro.
Sinta-se sendo esticado enquanto seus braços e pernas estão sendo puxados para cima.
Diga para si mesmo enquanto inspira: "Eu acho que eu posso... eu acho que eu posso... eu acho que eu posso...".
Enquanto as cordas se afrouxam e você solta o ar, diga para si mesmo com um suspiro: "Eu... posso...".
Volte ao exercício respiratório 1.
Tente o alívio lento ou rápido e use o de sua preferência.

Como uma grande respiração acontece nos dois exercícios, não a repita imediatamente. Se, depois de uma ou duas tentativas, você ainda estiver achando difícil se acalmar, faça um intervalo e tente outra vez um *exercício iniciador*.

EXERCÍCIO 2

Todos os exercícios respiratórios estão baseados na premissa de que a expiração induz ao relaxamento, especialmente se acompanhada por um relaxamento consciente dos músculos. Os exercícios iniciadores e o exercício 2 usam o suspiro como um mecanismo para acalmar. Contudo, as pessoas tensas também suspiram muito. A diferença é que elas tendem a segurar a respiração e suspirar intermitentemente. Você já sabe como é importante manter a respiração natural para não ficar sob tensão outra vez.

Os exercícios iniciadores são importantes quando se está só; o exercício 2 é um "aliviador de tensão" rápido e simples, do qual você pode lançar mão quando estiver acompanhado. É também um lembrete agradável para ser usado com freqüência durante todo o dia, uma maneira de colocar sua respiração no ritmo certo.

Inspire lenta e profundamente
Coloque a ponta da língua atrás de seus dentes inferiores.
Sorria.
Deixe seus ombros caídos e...
Solte o ar com um lento e suave "Ei...".

Volte à respiração calma e regular.

Você pode querer incorporar esse tipo de exercício respiratório em sua coleção de maneirismos do dia-a-dia. Experimente e verifique a diferença entre puxar sua respiração para dentro com um agudo "ah" e deixá-la sair com um gentil "ei".

VENÇA O DESCONFORTO COM SUA RESPIRAÇÃO

Soltar lentamente o ar pode ser muito útil ao antecipar procedimentos desconfortáveis e estressantes. Algumas pessoas não gostam de injeções, de recolher sangue para testes ou de remover esparadrapos. Vou usar um exame de sangue como exemplo.

> Inspire fundo.
> Deixe cair os ombros e as mãos abertas e relaxadas.
> Comece a soltar o ar bem, bem devagar para que ainda esteja expirando quando a seringa for injetada.
> Agora, pratique o exercício respiratório 1.
> Tente tirar sua atenção do foco de ansiedade. Assim, por exemplo, se seu braço estiver envolvido, concentre-se em relaxar seus pés.

Você pode praticar essa técnica antes do evento. Teste a si mesmo para ver quão lentamente consegue soltar uma corrente de ar suave e veja se consegue voltar à respiração calma em vez de arquejar o ar para dentro outra vez.

EXERCÍCIO 3

Este é um método para desembaraçar lentamente das tensões que eu curto muito, em particular quando estou só. É um exercício que usa respiração associada com palavras. A frase de que gosto é "Eu me sinto calma...", mas você pode escolher outra. De fato, você pode estar longe de se sentir calmo. Não se preocupe com isso; quem sabe estará calmo quando terminar o exercício.

> Deixe os ombros caídos e relaxe todos os seus músculos.
> 1. Inspire suavemente.
> 2. Ao expirar, diga as palavras "Eu me sinto calmo". Repita os passos 1 e 2 algumas vezes, mais e mais lentamente.
> 3. Diga cada palavra separadamente, à medida que solta o ar:
>
> | Inspire suavemente | Expire: "Eu..." |
> | Inspire suavemente | Expire: "me sinto..." |
> | Inspire suavemente | Expire: "calmo..." |
>
> Repita o passo 3 cada vez mais lentamente. É provável que perceba que está deixando cada vez períodos maiores entre cada palavra e que é muito agradável ficar vazio nas pausas antes de inspirar outra vez.

À medida que se familiarizar com essas maneiras de controlar e melhorar toda a sua conduta através das técnicas de respiração, você se dará conta de que elas se tornaram uma segunda natureza e encontrará modos variados de aplicá-las às próprias situações pessoais. Essas ferramentas vão equipá-lo para que possa se manter calmo quando quiser e se acalmar quando estiver em situações difíceis. Nos próximos capítulos, vou voltar a elas, quando tratar das aplicações práticas do relaxamento.

CAPÍTULO 8

Relaxamento profundo

O PRAZER DE RELAXAR

Você agora está incorporando uma série de técnicas que podem ajudá-lo a alcançar o estado de *relaxamento profundo*. Já começou a identificar as tensões musculares assim que elas começam; aprendeu a aplicar seus gatilhos pessoais de alívio de tensão e praticou exercícios respiratórios úteis. Agora, está pronto para juntar todas essas habilidades a fim de poder expressar os aspectos calmos e serenos de si mesmo.

Se tem praticado o exercício *enrijeça/relaxe* mencionado no Capítulo 6, que o ajuda a se conscientizar da diferença entre tensão e relaxamento em seus músculos, talvez esteja se sentindo um pouco frustrado a esta altura. Você se lembrará de que, ao começar a curtir estar confortavelmente relaxado, eu sugiro que se enrijeça outra vez. Espero que já esteja reconhecendo as tensões, e agora merece o seu prêmio. Você está pronto para passar para o prazer do relaxamento profundo sem nenhuma tensão em qualquer de seus músculos.

RESERVANDO UM TEMPO

Você merece um tempo para si mesmo! Se decidir aproveitar o tempo para relaxar só quando um momento adequado aparecer durante o dia, suspeito que provavelmente ele não vai se apresentar. Se quiser ter controle sobre seu tempo disponível em vez de ser uma vítima das circunstâncias, talvez tenha que ter uma abordagem mais decidida, tornar-se ativo em vez de passivo. Embora o relaxamento antes de dormir seja, é claro, desejável, a hora de dormir não é o ideal para praticá-lo. A razão para isso é que o objetivo da prática não é fazer você dormir. Você precisa experimentar conscientemente a sensação de estar acordado e, ainda assim, agradavelmente relaxado. Apenas quando tiver completa consciência desse sentimento é que poderá aplicá-lo às experiências do seu dia-a-dia.

A duração de suas sessões, só você é quem deve decidir. Vinte minutos é considerado o ideal, mas muitas pessoas acham que dez minutos se adaptam melhor a sua agenda diária. É mais benéfico ter pequenas sessões regulares do que longas mas raras. O importante é que o tempo reservado deve ser respeitado por você e pelos outros. Você deve isso a si mesmo.

Quando eu tinha duas crianças pequenas em casa, as palavras "o tempo da mamãe" ficaram estabelecidas muito cedo no vocabulário delas. Eu escolhia um momento do dia que vinha diretamente depois de lhes ter dado grande atenção. Eu as deixava com atividades apropriadas para a idade e tirava dez minutos, aumentando para vinte, do sagrado *tempo-para-mim*, deixando bem claro que não deveria ser interrompida. (Obviamente, eu não ficava muito longe, caso alguma coisa acontecesse...) Primeiro, eu relaxava profundamente, flutuando sobre as pressões da maternidade, e usava o tempo restante para ler. Estou convencida de que isso me capacitava para retornar aos meus afazeres de mãe sem ressentimentos e com entusiasmo renovado.

> Rajiv administrava uma empresa de seguros muito procurada. Passava todo o dia de trabalho sob pressão e em casa continuava ocupado com as coisas que levava na pasta. Depois de um ataque cardíaco, ele voltou ao trabalho determinado a efetuar algumas mudanças importantes. Estabeleceu uma nova rotina e, a intervalos regulares, colocava um cartão

de "Não Perturbe" em sua porta, quando praticava a recém-adquirida habilidade do relaxamento profundo. Rajiv decidiu, além disso, que merecia ter um breve intervalo para almoço sem interrupções por parte de sua equipe ou por telefonemas. Ao voltar para casa, dava-se o prazer de um tempo relaxante antes de enfrentar mais afazeres. Ele ficou feliz ao ver que seu trabalho não foi prejudicado. De fato, ele passou a encarar suas tarefas com nova e eficiente calma.

Reservar um tempo para o relaxamento profundo é um bom investimento. Tem como conseqüências energia renovada e vigor. Quando a habilidade estiver bem incorporada, mesmo um pequeno período de tempo pode ter o efeito desejado. É preciso coragem para virar as costas, por exemplo, para uma montanha de sacolas de plástico esperando para serem arrumadas depois de uma ida ao supermercado e, em vez disso, relaxar profundamente em um sofá por cinco minutos. Contudo, se a ida ao supermercado constitui um dos pontos baixos da semana, um alívio de cinco minutos pode ser precioso.

Um período de relaxamento antes de um momento de esforço pode estimular você, dando-lhe o necessário empurrão de energia; um período similar depois renova e revigora. Agendar ambos em seu horário é um luxo que você pode decidir permitir-se.

> Que hora do dia você reservará para praticar o relaxamento profundo?
> Que medidas terá de adotar para ter certeza de que não será interrompido?
> Que tarefas estressantes poderão ser mais toleradas se você tiver um *alívio de cinco minutos* antes e depois de sua realização?

PREPARAÇÃO PARA O RELAXAMENTO PROFUNDO

Antes de iniciar uma sessão prática de relaxamento profundo, você pode fazer uso de alguns dos auxílios mencionados no Capítulo 4. Os exercícios respiratórios iniciadores, assim como os exercícios respiratórios 2 e 3, descritos no Capítulo 7, são úteis neste momento. Algumas pessoas gostam de fazer uma massagem simples em alguma área particularmente tensa. A seguir, algumas massagens que você pode tentar.

1. Pressione os músculos na nuca. Você verá, ao pressioná-los, que, quando sua cabeça está virada para a frente, esses músculos ficam duros. Ficam mais soltos quando sua cabeça está para cima, suavemente equilibrada.
2. Coloque suas mãos ao redor da cabeça e rode-a, em ambas as direções, como se estivesse tentando atarraxar e desatarraxar uma tampa. Sinta seu couro cabeludo se afrouxando.
3. Gentilmente, alise seu rosto com as pontas dos dedos, para cima no nariz, ao redor da linha do cabelo e para baixo nas bochechas e nos lados do pescoço.

RELAXANDO DEITADO

Ponha-se confortável. Deite-se numa cama ou no chão, mas certifique-se de estar bem apoiado. Talvez queira se cobrir com uma manta leve. Você pode experimentar relaxar deitado de costas ou, se achar desconfortável, de lado, como na posição mostrada a seguir.

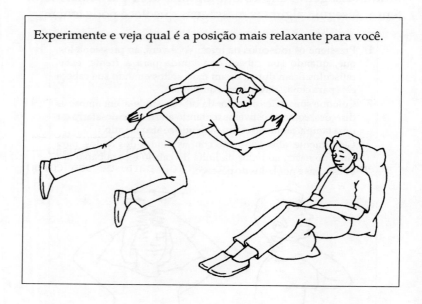

Experimente e veja qual é a posição mais relaxante para você.

Use o exercício respiratório 1 e concentre-se em relaxar cada vez que expirar. Pense no gato na areia e sinta seu corpo ficando pesado e mole. Ao soltar o ar, diga a palavra RELAXE para si mesmo ou outra palavra que prefira, ou ainda uma frase cada vez mais lenta, como no exercício respiratório 3.

Se estiver começando a experiência, pode descobrir que seu diabinho interior tentará atrapalhar as coisas. Você pode sentir contração, cãibra, coceira. Não se preocupe com isso. Coce ou mexa-se para ficar confortável outra vez e depois continue o relaxamento. Com o tempo, descobrirá que é suficiente admitir o desconforto sem fazer nada a respeito. Assim, você poderá dizer "minha perna está coçando" ou "meu ombro dói" e continuar relaxando. Surpreendentemente, o desconforto freqüentemente desaparece e seu diabinho interior se retrai.

Sinta-se se afundando mais e mais e desfrute uma sensação de peso engolfá-lo. Ao se ver em um estado cada vez mais profundo de relaxamento, provavelmente se sentirá tão calmo e descansado que terá uma sensação de leveza e de que o tempo parece ter parado.

Se não estiver usando uma fita, talvez queira fazer uma exploração corporal para certificar-se de que cada parte de seu corpo está relaxada. Passe por seu corpo, subindo dos pés até a cabeça como no exercício enrijeça/relaxe do Capítulo 6, mas desta vez não inclua a parte da tensão — concentre-se apenas em deixar cada parte de seu corpo relaxada e confortável.

No final da sessão de relaxamento, talvez você queira voltar ao normal com uma sugestão que poderia ser mais ou menos assim:

> Agora vou contar para trás, de 5 a 1. Quando chegar ao 1, vou suavemente me conscientizar do ambiente em que estou, alongar, inspirar e expirar uma grande respiração (exercício respiratório 2) e depois voltar a ficar alerta com a cabeça clara, mas ainda me sentindo confortavelmente calmo e relaxado. 5, 4, 3, 2, 1.

Depois levante-se lentamente, sentando-se por um breve período antes de ficar de pé.

ESVAZIANDO A MENTE

Infelizmente, esta é a grande arena onde domar seu *diabinho interior*. Seu sabotador pessoal interno toma a forma de um *invasor mental*. É muito mais fácil controlar seus músculos do que seus pensamentos. Repetindo a palavra RELAXE (ou a palavra que preferir) cada vez que soltar o ar, poderá usar um espaço no cérebro e ajudar a excluir outros pensamentos. Porém, o diabinho é esperto e esses pensamentos têm um jeito de voltar sempre. Não há uma única solução para lidar com esse problema, portanto vou compartilhar com vocês alguns dos estratagemas que uso e também alguns truques que outras pessoas me relataram.

- Gosto do ensinamento da meditação budista que ajuda a colocar os pensamentos em um lugar adequado em uma escala de tempo. Sua única preocupação deve ser o presente. No presente, tudo o que você está fazendo é respirar e relaxar seus músculos, nada mais. Portanto, todos os outros pensamentos se referem ou ao passado ou ao futuro. Se o pensamento que está tentando invadir sua mente tem a ver com o passado, você pode dizer a si mesmo "Estou lembrando". Se se referir ao futuro, então pode dizer "Estou planejando". Como nada disso tem a ver com o agora, você pode então empurrá-lo para o lugar a que ele pertence, ou atrás, no passado, ou, na frente, no futuro. Algumas pessoas sugeriram que substituir a palavra RELAXE pela palavra AGORA, nesses momentos, pode ser útil.
- Estar aberto aos pensamentos à medida que aparecem e desaparecem pode ajudar. Deixe-os aparecerem; não os retenha; deixe-os desaparecerem. São como nuvens flutuando no céu. Deixe-os passar flutuando.

- Se os pensamentos estão batendo persistentemente à porta de sua mente, você pode ter que dar a eles, em um primeiro momento, a atenção que exigem, da mesma maneira como lida com as interrupções físicas que descrevi antes. O primeiro estágio é admitir o invasor; talvez até analisá-lo. Depois confirme que isso não é adequado no momento em que está relaxando. Assim, pode ser que você se ouça dizendo coisas como "Estou pensando sobre a reunião que tenho esta tarde, mas isso não tem nada a ver com o que estou fazendo agora. Agora eu estou relaxando".
- Talvez você descubra que tenha de ir além e realmente destinar um tempo para lidar com o problema; talvez precise acrescentar à sua conversa interior alguma coisa como "Eu darei à reunião toda a minha atenção em vinte minutos, quando terminar minha sessão de relaxamento".
- Aqueles que gostam de usar imagens podem visualizar a reunião dos pensamentos em uma caixa e colocá-la de lado até outra hora, ou colocar os pensamentos numa jarra e deixá-la escorrer na pia. Uma pessoa que conheço, que estava curtindo seu novo gravador de vídeo, usava um "forward" rápido mental ou um "backward" para fazer desaparecer o seu diabinho interior.
- Ouvir música ou uma fita de relaxamento é uma maneira popular de permanecer no presente.
- Algumas vezes o diabinho faz você se concentrar em sons ao seu redor que não têm nada a ver com você, mas que parecem exigir sua atenção. O reconhecimento simples, sem envolvimento, pode ajudar a mantê-los em perspectiva. Você pode dizer suavemente: "Estou escutando um avião... um carro de polícia... o latido de um cachorro...", e deixá-los desaparecer.

É melhor não ficar pulando de um método para outro. Dê a si mesmo a chance de fazer suas tentativas funcionarem. Se seu diabinho interior parece estar vencendo no momento, a última coisa de que você precisa é aumentar sua tensão sentindo que fracassou. Pare de se preocupar com isso e tente outra vez, mais tarde. Talvez decida ter uma conversa interior (ver Capítulo 5) a fim de descobrir o que está atrapalhando. Se conseguir encontrar um método que o satisfaça, então fique com ele e esqueça os outros.

RELAXANDO EM UMA CADEIRA

Quando estiver pronto para tentar uma sessão de relaxamento profundo sentado, planeje como se protegerá de outros invasores. Se estiver em uma sala onde geralmente está em atividade, pode ser importante reafirmar seu compromisso de tirar um tempo para a sessão, para lidar com as demandas contínuas de seu diabinho e as demandas por atenção de outras pessoas.

> Quando mudou da cama para a cadeira, Emma me contou que se sentia invadida por coisas perturbadoras na sala. Em vez de se levantar para lidar com elas, resistiu à tentação e decidiu incluir em sua conversa interior "Estou vendo um quadro torto... estou vendo uma mancha na tela do televisor..."; assim foi capaz de se desembaraçar desses pensamentos e voltar sua atenção para o relaxamento.

Uma boa postura sentada, com a cabeça equilibrada, conduz mais ao relaxamento que uma posição caída ou escarrapachada, com a cabeça baixa. Sente-se bem encostado na cadeira com a espinha apoiada; se estiver usando um sofá, descanse seus braços levemente, com as mãos abertas. Você pode avançar por estágios diferentes no desafio de ser capaz de relaxar em uma cadeira, em um banco, ou sentado no chão. Experimente manter os olhos fechados no começo, e depois abra-os. Quando começar a ficar de olhos abertos, focalizar a distância através de uma janela pode ser relaxante. Deixe as imagens fluírem por sua consciência. Talvez você se veja começando a descobrir e a apreciar detalhes novos ao seu redor que antes estava ocupado demais para notar. Observe-os — e deixe-os ir.

RELAXANDO EM PÉ

Tendemos a associar a posição de pé com ação e movimento e é preciso alguma persistência para aceitar a noção de que é possível ficar de pé e relaxar. No entanto, é uma habilidade muito útil para se adquirir. Você pode decidir reservar um tempo para isso ou pode preferir ficar de pé por cinco minutos no final de uma sessão prática sentado. Verifique sua postura. Seu peso deve estar igualmente distribuído nas plantas de ambos os pés, que devem estar levemente separados. Os ombros devem estar caídos e no mesmo nível, e os quadris também devem estar nivelados. Deixe sua cabeça ficar suavemente equilibrada e seus braços e mãos devem estar relaxados em cada lado. Todos os comentários sobre a atenção ao relaxar quando sentado também se aplicam a esta posição.

CONCENTRANDO-SE EM UMA PARTE DO CORPO

Muitas pessoas descobrem que sentem formigamento nas mãos. Isso significa que relaxaram tanto que podem sentir o sangue pulsando através dos dedos. (Algumas, inclusive, são capazes de contar sua pulsação dessa maneira.) Pensar em peso parece induzir ao oposto, e há aquelas que sentem uma sensação de leveza ou de não sentir o peso. Essa sensação é freqüentemente mais intensa quando se concentra em uma mão, mas pode indicar como é sentir um estado de relaxamento realmente profundo. Depois de estabelecida, não raro é possível sentir essa sensação se espalhar pelo corpo. Algumas pessoas consideram esse procedimento uma boa ajuda para entrar em uma sessão de relaxamento profundo. Acham que, se um pedaço vai, todo o resto vai também.

> Sente-se confortavelmente com uma mão levemente colocada sobre seu colo com a palma para cima.
> Deixe seus ombros caídos e solte a respiração com um relaxante "ei" (exercício respiratório 2).
> Olhe para sua mão e concentre-se em senti-la pesada e quente.
> Diga "pesada" e "quente" para si mesmo enquanto se concentra na mão.
> Observe qualquer mudança de sensação em sua mão.
> Observe qualquer mudança na maneira como se sente em geral.

Audrey era uma estudante excelente, mas sempre tinha uma crise de nervos ao entrar em uma sala de exame. Ela aprendeu a acalmar seus músculos contraídos, o coração batendo forte e rápido, a respiração superficial, permitindo-se alguns momentos de tranquilidade ao relaxar a mão que colocava na carteira a sua frente. Com a prática, descobriu que conseguia induzir a reação desejada muito rapidamente. Esses poucos minutos antes de começar o exame eram um bom investimento, pois a tornavam capaz de se aplicar à tarefa com a mente clara e alerta.

O *ALÍVIO RÁPIDO*

Seria uma pena se você fosse capaz de usufruir apenas sessões demoradas de relaxamento. Quando se familiarizar com a sensação de deixar as tensões saírem, provavelmente descobrirá o valor do *alívio rápido*. Entra-se em um estado profundo de relaxamento, exatamente como em uma sessão demorada, seja deitado, sentado ou em pé — o que for mais apropriado. Você então desfruta um rápido relaxamento que pode durar apenas alguns minutos, mas que permitirá recarregar suas baterias da maneira mais adequada a seu estilo pessoal de vida. Talvez você precise conscientemente introduzir esse hábito no seu dia-a-dia. Pode aproveitar alguns intervalos naturais no dia: antes de sair, ao chegar em casa ou no trabalho, antes ou depois das refeições, depois de terminar uma tarefa ou antes de começar outra. Momentos potencialmente estressantes podem ser convertidos em desafios bem-vindos para testar sua capacidade de relaxar: a espera em uma fila, em um engarrafamento de trânsito ou em uma sala de espera. Depois que incorporar o *alívio rápido* ao seu cotidiano, ficará surpreso com a energia extra que isso vai gerar.

FANTASIA

O uso da fantasia pode ser uma maneira muito prazerosa de relaxar. Lembre-se de quais sentidos falam mais eloqüentemente a você e use-os com criatividade. Se for uma pessoa visual, pense no seu lugar favorito ou imaginário de serenidade. Dentro de sua cabeça, tudo pode acontecer, portanto realmente curta essa visita, certificando-se de que de fato se solta nesse lugar. Se ajudar, acrescente sons e aromas que lhe agradem. As fantasias táteis podem ser profundamente calmantes. Você pode imaginar a sensação de estar sendo acariciado ou massageado. Pode estar flutuando suavemente numa balsa ou jangada, estar nadando ou voando. Se preferir ser conduzido em sua fantasia, use uma fita de "visualização".

Neste capítulo apresentei a você técnicas envolvidas no relaxamento profundo, em sessões especiais para tal finalidade. Espero que se junte a nós, que acreditamos firmemente que o tempo dedicado a isso vale a pena. Agora você está pronto para ampliar a aplicação dessas habilidades a fim de reduzir seu estresse nas atividades da sua rotina.

CAPÍTULO 9

Controle do estresse

FIQUE CALMO E TENHA SUCESSO

É difícil manter um ritmo, mas "devagar e sempre" se vence a corrida. Essa frase permanece como um marco nas memórias de minha infância, pois em intervalos regulares, na peça sobre a conhecida fábula da lebre e da tartaruga, eu a repetia em meu *début* teatral, com sete anos. Eu engatinhava pelo palco vestindo uma pesada e incômoda casca pintada nas costas. Acho que interpretei mal a tartaruga, já que para mim era muito mais fácil me identificar com a rápida lebre. No entanto, entendi a lição. Apesar disso, acho que, embora "devagar e sempre" seja a melhor rota para muitos, é apenas uma das várias maneiras de permanecer calmo e ser bem-sucedido. Todos nós temos o direito de permanecer fiéis a nós mesmos e empregar formas de administração do estresse que possam ser auto-enriquecedoras.

Como em outros capítulos, recomendo que você use as sugestões que façam sentido para você e rejeite o resto. Espero que descubra que a aplicação das habilidades de controle do estresse no dia-a-dia o manterá no controle de sua vida, contribuirá para sua eficiência e o ajudará a maximizar a energia e o prazer.

TENSÃO ESPECÍFICA

Durante os exercícios enrijeça/relaxe (Capítulo 6), pedi a você que enrijecesse apenas um conjunto de músculos em um momento dado, deixando o resto de seu corpo relaxado. Este é um lembrete útil, pois mostra que não é necessário enrijecer-se completamente cada vez que os músculos são usados. É fácil adquirir maus hábitos: curvar os ombros quando só os músculos das mãos e dos braços precisam trabalhar, torcer os músculos da face, apertar os dentes, franzir o cenho ao se concentrar em uma tarefa. O ato de enrijecer os músculos depende de energia. Se for feito sem necessidade, o resultado provavelmente será a fadiga e maior dificuldade para se soltar depois. Raras vezes você necessitará usar todos os seus músculos ao mesmo tempo; eles são ferramentas que servem bem quando usadas seletivamente. A tensão específica usa apenas aqueles músculos que são exigidos para uma tarefa. É econômica com seu esforço e depois você pode voltar ao descanso, quando as ferramentas já não são necessárias. Você descobrirá que também é mais fácil ter a mente clara se todos os músculos redundantes estiverem relaxados.

> Pegue uma caneta e escreva algumas palavras em um pedaço de papel.
> Observe como é possível usar os músculos de suas mãos e seus braços sem ter de enrijecer o resto de seu corpo.
> Deixe a caneta e solte a tensão da mão e do braço. Sinta-os relaxar tão logo a tarefa esteja concluída.
>
> Segure o telefone e conscientize-se das tensões específicas exigidas.
> Fale no bocal e veja como agora está usando os músculos de seu rosto além daqueles da mão e do braço. Verifique se seus ombros e sua outra mão estão relaxados.
> Desligue o telefone e pare de falar.
> Conscientize-se do relaxamento depois que as tensões de seus músculos não são mais necessárias.

Estes são os pontos básicos da *tensão específica*:

- Use apenas os grupos de músculos que a tarefa exige.
- Verifique se os demais músculos redundantes estão confortavelmente em descanso.
- Solte as tensões musculares assim que a tarefa for concluída.

Logo você notará que pode andar enquanto mantém seu rosto, ombros, mãos e braços confortavelmente relaxados; será capaz de usar as mãos sem enrijecer o rosto; será capaz de olhar ao redor enquanto mantém o resto do corpo relaxado e será capaz de se concentrar em suas atividades sem franzir o cenho. Quando desenvolver essa consciência, sem dúvida terá seus próprios exemplos de uso hábil de tensão específica ao mesmo tempo que mantém o resto de seu corpo calmo e em descanso. Lembre-se da importância de soltar todas as tensões assim que a tarefa se completar.

RELAXAMENTO TRANSICIONAL — VARRENDO OS RESTOS

A tensão tem um jeito chato de se aproximar sem que a percebamos. Nós acumulamos os restos da tensão muscular e da ansiedade que acompanham cada tarefa que realizamos. À medida que o dia caminha, vamos ficando tão cheios que se torna mais e mais difícil encarar cada nova atividade com a calma alerta que ela merece. No final do dia, estamos tão soterrados que pode ser difícil relaxar. Podemos descobrir que não conseguimos nos desvencilhar facilmente dos pensamentos que ficam se caçando a si próprios em nossa cabeça, às vezes noite adentro.

Como os bons cozinheiros preparam uma refeição?

Primeiro, eles começam com uma superfície de trabalho limpa.
As toranjas são cortadas e divididas em porções.
A mesa agora está coberta de gosma e suco; então é preciso limpá-la.
Os vegetais são fatiados, e outra vez a mesa é limpa.
Essa limpeza da superfície de trabalho entre cada atividade diferente é um procedimento básico de higiene e evita que os restos de um prato se misturem com o prato seguinte.

Tendemos a deixar que os resíduos das nossas experiências fiquem pairando e respingando o resto do dia. Carregamos tensões corporais acumuladas, com freqüência ficamos agarrados a pensamentos e sentimentos, e algumas vezes tentamos nos debruçar várias vezes sobre um mesmo evento (até tentando reescrever mentalmente o roteiro e alterar o resultado). Devemos a nós mesmos desfrutar cada parte do dia e saudar cada desafio com energia e antecipação alertas. Se nosso objetivo é a higiene mental, devemos, também, limpar os resíduos para encarar cada experiência nova com uma superfície de trabalho limpa.

A seguir, um exercício que exagera o processo de *limpeza*:

Pense em um cenário simples. Você está sentado em uma sala. Seu casaco está dependurado no outro lado da sala. Levante-se da cadeira, ande até seu casaco, vista-o, ande pela sala, pendure outra vez seu casaco, volte a sua cadeira e sente-se.
Agora, divida o exercício em seus componentes menores. Entre cada parte, você ficará em pé e soltará a respiração, deixará seus ombros caírem e relaxará brevemente. Use a técnica do *alívio rápido*, permitindo que uma onda de relaxamento flutue sobre você, e solte a respiração com o "ei..." do exercício 2, em voz alta ou para você mesmo. O padrão será atividade — pausa (solte o ar e relaxe).

> Sente-se — Relaxe
>   Fique em pé — Relaxe
>   Ande até seu casaco — Relaxe
>   Pegue seu casaco — Relaxe
>   Vista seu casaco — Relaxe
>   Ande pela sala — Relaxe
>   Pare — Relaxe
>   Tire o casaco — Relaxe
>   Pendure o casaco — Relaxe
>   Ande até a cadeira — Relaxe
>   Pare — Relaxe
>   Sente-se — Relaxe

Tente outra vez, fazendo os tempos de relaxamento bem curtos mas eficazes. Você nota como é capaz de se concentrar em suas atividades com uma nova intensidade e percepção?

Com freqüência, a ansiedade resulta da tentativa de focalizar mais de uma coisa ao mesmo tempo. Aqui, você está aprendendo a deixar que cada atividade seja da maior importância no momento em que é feita; depois libera-a, deixando a superfície de trabalho limpa e pronta para o que vier depois. Pessoas que fizeram o *relaxamento transicional* me disseram que sua capacidade de concentração tinha melhorado muito e a apreciação que tinham sobre suas ações também. Charles explicou isso assim:

> Eu estava me concentrando em descascar batatas, e me vi olhando os tubérculos como se nunca os tivesse visto antes. Realmente era muito interessante — a textura da pele, a posição dos brotos, as formas que a pele adquiria ao ser descascada. Depois, mudei meu foco para o descascador de batatas. Que brilhante peça de engenharia! Então fiquei tentado a começar a examinar minhas mãos, mas isso provavelmente levaria muito tempo e é um prazer que teve de ser adiado.

O exercício é exagerado e não estou sugerindo que você adote uma abordagem comece-pare em todo o seu cotidiano. Contudo, espero que você se permita parar o suficiente de modo a se desembaraçar das tensões acumuladas e a se concentrar com toda sua mente em seja o que for que estiver fazendo. Talvez descubra, como um bônus, que tem menos lapsos de memória e uma taxa de acidentes mais baixa.

Você poderá incorporar uma exalação relaxante e um *alívio rápido* de tensão cada vez que se sentar, de tal maneira que se torne um procedimento habitual — sente-se... solte os ombros... "ei"... Poderá, então, usar o relaxamento transicional em outros intervalos naturais para se descarregar entre uma atividade e outra. Se for uma pessoa que gosta de pensar no que passou, talvez precise examinar como pode se desvencilhar de eventos que gostaria de ter alterado. É preciso coragem para ser capaz de dizer a si mesmo "Isso realmente me magoou", ou "Não era assim que queria ter agido", ou "Não me saí tão bem quanto poderia". Depois de aceitar a realidade, talvez possa tentar se perdoar, lidar com a frustração de saber que isso já passou, que você não é perfeito e pode reagir de modo diferente da próxima vez.

UMA COISA DE CADA VEZ

Helen é uma pessoa muito ativa. Sempre que lhe pergunto como vai, ela responde: "Você me conhece — tremendamente ocupada!" Ela é tão ocupada que, enquanto fala comigo no telefone, posso escutá-la mexendo no computador ou entre tampas e panelas. Ela fala enquanto come, enquanto lê, invariavelmente esparrama leite, não se lembra do que comeu e não se lembra das conversas e planos com os quais concordou. Minha primeira reação é pensar que não sou importante o suficiente para que ela me dê toda sua atenção.

Mas, pensando melhor, compreendo que é realmente como ela vê a si mesma, e não tem muito a ver comigo. Se ela se permitisse um pouco de *conversa interior*, talvez descobrisse que valoriza em si mesma não o que *é*, mas só o que *faz*.

Helen, na verdade, não consegue realizar mais do que o resto de nós. Ela é ineficiente, superansiosa e exausta — e certamente não é uma pessoa feliz!

A conseqüência do *relaxamento transicional* é que ele realmente vale a pena, pois nos ajuda a nos concentrar na atividade do momento. Se pudermos lidar apenas com uma coisa de cada vez, nos beneficiaremos porque seremos capazes de nos concentrar mais completamente. Como um bônus, daremos a nós mesmos uma mensagem de calma e apresentaremos um aspecto mais agradável aos outros.

Em nossos encontros cotidianos, é essencial para bons relacionamentos interpessoais dar às pessoas nossa completa atenção quando elas falam conosco. Se você já encontrou um profissional, talvez um médico ou um gerente que não fez contato olho no olho, e falou com você enquanto escrevia ou falava com outra pessoa, ou usava o telefone, sabe que isso nos deixa desconfortáveis, e que pode ser destrutivo para um relacionamento.

Estudantes podem achar que o princípio de "uma coisa de cada vez" vale a pena como uma ajuda à concentração. É fácil cair no hábito de nunca estar livre do livro permanentemente aberto. A visão do livro se torna um lembrete constante, um símbolo do problema, mas não o resolve. Muito mais pode ser aprendido quando reservamos períodos, ainda que pequenos, para um estudo concentrado. É mais importante que o tempo de estudo tenha limites reconhecíveis.

> Quando eu era estudante, era tentada a passar muitas horas com o livro aberto em meu colo — sonhando acordada! Depois que me permiti passar um tempo passeando na praia

ou pelos jardins — ou só indo para a cama mais cedo —, descobri que podia voltar ao meu estudo com atenção renovada, sem tensões, e trabalhava rápido e bem.

Esse não é um conselho apenas para estudantes. Quantos de vocês, imagino, sentem-se culpados se tirarem um tempo de descanso. Às vezes é necessário ser decidido para sair da roda-viva, confiante de que, quando voltar à tarefa, terá *um tempo de qualidade* com um estoque extra de energia e concentração. Você estará substituindo o estresse crônico prejudicial por uma pequena injeção de adrenalina que, as pesquisas confirmam, é tanto excitante quanto fisicamente benéfica. Portanto, você poderia chamá-lo de *estresse de qualidade!* Estará tomando uma decisão ativa para:

Parar — Recuar — Desfrutar

e depois voltar ao trabalho.

AFIRMAÇÕES E PALAVRAS-CHAVE

Em um estado de relaxamento profundo, a pessoa fica mais aberta às sugestões. Assim, quando se encontrar nesse estado, você pode fazer sugestões a si mesmo, se quiser alterar a maneira como se sente quando desperto e ativo. Um bom momento é no final da sessão de relaxamento, logo antes de abrir os olhos. Você pode escolher frases que podem ser usadas de várias maneiras:

- você pode decidir reforçar o estado de calma que quer continuar sentindo durante todo o resto do dia;
- pode querer aumentar sua confiança e reafirmar suas próprias habilidades;
- pode querer promover um sentimento determinado sobre si mesmo que o ajudará a atingir um objetivo especial.

Seja qual for o motivo que o faça escolher usar frases estimuladoras, eis algumas diretrizes que vale a pena seguir:

Sempre formule suas frases no modo afirmativo

Esqueça as frases negativas punitivas. Assim, nada de "Eu não posso...", "Eu não sou...", "Eu não quero...". Atire a descrença ao vento e aja como se o que estivesse dizendo fosse realmente verdade. Por exemplo, diga "Eu estou realmente calmo!" A esta altura, seu diabinho interior provavelmente interromperá com um "Ah, não, você não está". Lide com seu diabinho da maneira que melhor se adapta a você — prenda-o atrás de uma porta, ponha uma banana em sua boca —, mas continue acreditando.

Formule sua frase no tempo presente

Isso se aplica mesmo quando em referência ao tempo futuro. Você está dizendo algo que quer levar consigo sobre si mesmo agora, portanto não há espaço para "Eu gostaria que"..., "Eu vou...". Assim, em vez de dizer "Vou me sentir confiante nas entrevistas ", diga "Eu me sinto confiante nas entrevistas". Em vez de "Quero deixar de fumar", tente "Eu respiro ar puro. Estou livre da nicotina".

Selecione frases rápidas e curtas e até com alguma qualidade lírica. Eis alguns exemplos dos quais você talvez goste:

Estou calmo. / Estou confiante. / Falo claramente e com confiança./ Agora estou conseguindo.../ Aprender é algo que curto muito./ Fico confortável quando tenho companhia./ Raciocino de maneira clara e eficaz./ Minha mente é alerta e criativa.

Pense em outras frases. Elas serão mais eficazes se feitas sob medida para você.

Em seu estado relaxado, enuncie suas frases calmamente para si mesmo. Sou uma grande defensora de se falar em voz alta mas, se isso o preocupa, tudo pode acontecer apenas em sua cabeça. Provavelmente será preciso repetir suas afirmações quatro ou cinco vezes para vencer seu diabinho. Você ficará surpreso ao descobrir que a afirmação se torna cada vez mais aceitável quando repetida.

Posso fazer isso.   Diabinho: Não, eu não posso
Posso fazer isso.   Diabinho: Bem, talvez eu possa
Posso fazer isso.   Diabinho: Acho que posso.
Posso fazer isso.   Diabinho: Bem, está bem, eu posso

Quando sua frase já estiver programada dentro de você, é possível reforçá-la facilmente repetindo-a depois de um *alívio rápido* em momentos adequados durante o dia. Em vez de uma frase, use uma palavra especial, que tenha uma mensagem particular para você. Pode ser útil associá-la com uma ação que seja sua mensagem em código para você mesmo.

Winston queria vencer sua timidez. Quando acompanhado, fechava-se, evitava contato e cerrava os punhos, o que ele achava que simbolizava seu sentimento de vulnerabilidade e a necessidade de se conter em si mesmo. Queria muito ser capaz de se arriscar e abrir uma empresa. Escolheu "abrir" como sua palavra-chave e decidiu acompanhá-la com o sinal privado de descerrar os punhos e abrir as mãos. Preparou algumas frases para finalizar sua sessão de relaxamento para sugerir, cada vez que pronunciasse a palavra-chave "abrir" e abrisse as mãos, que se sentia confiante e capaz de curtir o contato com outras pessoas. No final, acabou preferindo usar apenas o sinal, pois para ele a ação era mais eloquente do que as palavras.

Algumas pessoas gostam de usar pequenos objetos ou amuletos que possam segurar ou para os quais possam olhar para ajudá-las em momentos tensos. Pense na popularidade dos mascotes de carros, nas almofadas favoritas e nos velhos brinquedos de estimação.

ENSAIO

Se você se preocupa muito e antecipa situações provocadoras de ansiedade em sua mente, pode ser um bom candidato para o *ensaio positivo*. Geralmente quem se preocupa muito antecipa os momentos difíceis várias e várias vezes em sua cabeça. A situação não melhora e o estresse aumenta; essas pessoas se fazem passar por maus momentos. Se você tem a habilidade de planejar com antecipação, pode usar essa habilidade para tornar sua vida mais confortável. Portanto, vire o processo em sua cabeça. Sua antecipação punitiva pode se tornar planejamento positivo para testar como você gostaria que o encontro se realizasse.

Reserve um tempo para pensar no evento que se aproxima.

Permita-se um período de relaxamento profundo e resista à tentação de começar a se preocupar. Diga a si mesmo que haverá bastante tempo para isso, mais tarde. Quando estiver relaxado, conduza-se ao temido evento, etapa por etapa. A cada etapa, alivie-se de qualquer tensão. Comporte-se de tal maneira que isso funcione como uma ferramenta que o ajudará a ser bem-sucedido no evento. Se achar útil, converse consigo mesmo durante o processo, lembrando-se de fazer apenas comentários positivos e no presente. Talvez queira introduzir palavras-chave ou frases afirmativas para apoiar seu ensaio. Quando tiver completado sua experiência mental, diga a si mesmo "Eu consegui!" Elogie-se pelo sucesso alcançado.

Suas recém-adquiridas habilidades para enfrentar o estresse passaram agora das sessões de relaxamento para o grande e amplo mundo. Você verá que domina novas técnicas que podem ser aplicadas nas atividades do dia-a-dia que, no passado, contribuíam para seu estresse acumulado. Ao cortar a tensão pela raiz e lidar com ela assim que começar, os grandes problemas vão se apresentar cada vez mais raramente. Você estará começando a reagir aos pequenos fogos ainda sem chama em vez de esperar pelo incêndio total.

CAPÍTULO 10

Controle do estresse funcional

ENCARE O MUNDO MAS MANTENHA A CALMA

O cenário está montado. Você está pronto, com seu traje e caracterização. Já ensaiou até sentir que seu desempenho está perfeito. Agora é o grande momento. Chegou a hora. Ao entrar em cena será que você pode se transformar no personagem? Mas, ao contrário do que acontece em um palco, você não quer adotar uma personalidade falsa. Seus ensaios, eu espero, fizeram-no adquirir habilidades que enriqueceram seu "eu" e o tornaram mais confortável. Vamos examinar aqui as maneiras como o trabalho que você desenvolveu até agora pode ajudá-lo a ser capaz de enfrentar calmamente os estresses reais da sua vida.

RECEBA O SONO COM PRAZER

Os padrões de sono são muito pessoais; pense nos ritmos de sono espontâneos e naturais de crianças e animais. Infelizmente, muitas vezes nos sentimos pressionados pela necessidade de ser como os outros. Pode haver demandas para que sincronizemos com os membros da família e com a sociedade em geral, e podemos muito facilmente deixarnos ficar estressados pela frustração de não nos enquadrarmos bem.

Deixe-me enfatizar que não há certo ou errado — só o certo e o errado para *você*. Portanto, o primeiro passo é conhecer a si mesmo.

> Você precisa de muito ou pouco sono?
> Você é uma cotovia ou uma coruja? Sabe a que horas do dia está mais e menos alerta?
> É melhor para você ter pequenas sonecas do que um sono longo?
> Você dorme melhor sentado, na cama ou em outro lugar?

Esqueça o que "deve fazer", não há regras. Seu sono é para você e só para você. Se necessário, converse sobre isso com seu parceiro ou com os membros da sua família. Talvez seja preciso alguma negociação.

> Ivo era devastado por noites sem dormir. Ficava chateado ao ver que regularmente se enrolava no sofá à noite e dormia bem. Mas quando chegava a hora de "ir dormir" e ele se transferia para a cama, despertava completamente outra vez. Decidiu parar de se sentir ansioso sobre isso; enrolava-se num edredom e passava as noites no sofá. A experiência funcionou. Ele então foi capaz de escolher se queria adotar isso permanentemente ou voltar para sua cama depois que um bom ritmo de sono foi estabelecido.
>
> Sônia era uma professora. Ela descobriu que sua necessidade de tirar uma soneca à tarde interferia seriamente em seu trabalho. Suas noites eram perturbadas pela fadiga acumulada e não lhe davam prazer. Ela foi ao extremo de mudar seu trabalho e teve sorte de ser capaz de achar um lugar de professora no período da manhã. À noite, após tirar sua soneca vespertina, lecionava em uma escola noturna.

Nem sempre é possível ser tão flexível como Sônia, mas talvez possa valer a pena procurar algum meio-termo para atender as suas necessidades. Lembre-se de que uma hora de relaxamento profundo pode ser mais revigorante do que uma noite inteira mal dormida e tensa.

Preparando-se para dormir

É útil estabelecer uma rotina para ajudá-lo a diminuir o ritmo próximo da hora de dormir. Portanto, evite estímulos mentais como discussões ou planejamento de férias. Reserve outro momento para tratar dessas coisas.

- Um copo de leite morno ou um chá de erva calmante ajuda a relaxar. Algumas pessoas acham chá ou café muito estimulantes.
- Uma pequena quantidade de álcool pode ajudar. Uma grande quantidade provavelmente fará você apagar, o que não é proveitoso porque leva a um sono induzido por droga que não é benéfico e pode provocar ressaca.
- Algumas pessoas precisam de um pouco de exercício extra antes de ir para a cama e acham que levar o cachorro para passear é relaxante; outras acham o ar da noite estimulante demais.
- O sexo, se satisfatório, ajuda; se insatisfatório, tem o efeito oposto. Se o sexo for normalmente um problema, a hora de dormir pode não ser o melhor momento do dia para tentar solucioná-lo.
- Sempre se permita um momento de calma antes de ir para a cama — escute música ou faça uma sessão de relaxamento profundo. Se estiver lendo, evite histórias de suspense.
- Talvez você queira colocar em seu travesseiro algumas gotas de óleos essenciais calmantes, como alfazema.

> **Uma massagem útil para ajudar a pegar no sono**
>
> Deite em sua cama com o rosto para baixo; a pessoa que vai lhe fazer a massagem deve ficar de joelhos ao seu lado. Com as palmas de ambas as mãos, ela deve empurrar forte subindo pelo centro de suas costas e para os lados em círculos repetindo esse movimento algumas vezes. Depois, usando as pontas dos dedos, deve dar palmadinhas suaves em suas costas, na direção da cabeça para baixo, com as mãos alternadas, mantendo o contato contínuo (só tirando uma mão quando a outra já estiver em contato). Gentilmente passe para a posição em que dorme e deixe a pessoa continuar por mais algum tempo.

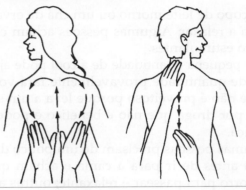

Se você fica deitado sem conseguir dormir ou desperta durante a noite...

Tranqüilize-se assegurando que não importa se não conseguir pegar no sono. Ficar deitado na cama agradavelmente relaxado também pode ser bom. Portanto, não fique ansioso por ainda estar acordado. Isso só fará você ficar em um estado de excitação, que é o oposto do relaxamento. Concentre-se em desfrutar o fato de estar acordado e profundamente relaxado. Pode dizer a si mesmo algo como "Dormir não importa. Estou calmo e relaxado e isso é bom para mim".

Em uma época me vi acordando bem cedo, de manhãzinha. Aceitei a oportunidade de não ter que levantar imediatamente e começar a agir. Desfrutei ficar deitada enquanto escutava os sons da madrugada, um prazer que geralmente não tinha, e logo estava dormindo outra vez. Mesmo se não dormisse, o descanso me era suficiente. É apenas a falta de sono com agitação que nos faz começar o dia cansados e irritados.

Empregue qualquer uma das técnicas de relaxamento muscular, respiração relaxada e de esvaziamento da mente. Muitas pessoas me disseram que acharam o exercício respiratório 3 ("Eu estou calmo") especialmente útil, mas é você que deve escolher sua rotina favorita. Há os que gostam de repetir um poema, uma prece, algum som sem sentido ou imaginar um lugar muito familiar ou um idílio imaginário. Seguir as sugestões de uma fita de relaxamento ou visualização pode ajudar.

Não pule de um método para outro. Tente um método e fique com ele — pelo menos por um tempo.

Se mesmo assim você ainda não conseguir dormir nem acalmar sua mente...

Não é bom permanecer na cama se estiver se sentindo cada vez mais angustiado. Levante-se, vá ao banheiro, prepare uma bebida quente, ou tome um drinque.

Se os pensamentos ficam rondando sua cabeça e definitivamente não podem ser controlados, escreva algumas notas breves ou grave-os em uma fita (algumas palavras-chave, escritas ou faladas, provavelmente serão suficientes para convencê-lo de que poderá retomar as questões com mais detalhe no dia seguinte). Depois volte e se permita sentir-se calmo e confortável outra vez.

Caso acorde em pânico, é provável que esteja com um nível alto de seus próprios hormônios depois de um sono incitante. Talvez tenha que reafirmar a si mesmo (em voz alta, se necessário) que os pensamentos ficam distorcidos à noite. Terá então a tarefa tediosa de se acalmar outra vez. Lembre-se de que leva mais tempo para se acalmar do que ficar alarmado, portanto tenha paciência consigo mesmo.

> Sangeeta tinha três filhos e era muito ocupada. Estava passando por graves dificuldades para dormir e decidiu experimentar um método de retreinamento. Se ficasse acordada na cama mais de quinze minutos, ela se levantava, por mais cansada que estivesse, e fazia alguma atividade por cinco a dez minutos. Depois voltava para a cama. Se, em quinze minutos, ainda estivesse acordada, repetia todo o processo. De fato, ela continuava assim a noite toda, se necessário. O objetivo desse exercício era se retreinar para associar a cama com o sono e desconectar o objeto cama com o continuar desperta.
>
> Ela manteve o registro dessa experiência: noite 1 — levantou-se seis vezes; noite 2 — três vezes; noite 3 — uma vez; noite 4 — nenhuma vez.
>
> Sangeeta usava as horas em que estava desperta para fazer suas tarefas de francês, uma atividade para a qual raramente tinha tempo durante o dia. Começou a reservar mais tempo para si mesma durante o dia, ainda que isso significasse um ocasional jantar improvisado para sua família. Ela continuou a dormir bem.

Sangeeta escolheu um método bastante duro para si mesma, mas estava convencida de que era o certo para ela.

É sua responsabilidade escolher para si mesmo o método com o qual se sente melhor. Seja qual for sua escolha para ajudá-lo a ter uma boa noite de sono, seja persistente e deixe que ele se torne uma parte importante de sua vida.

Durma bem!

SITUAÇÕES QUE PROVOCAM ANSIEDADE

Que melhor momento para se aplicar um autotranqüilizador do que quando desafiado por uma situação estressante? Seu corpo deu o sinal — "tensões"; sua *conversa interior* interpretou — "problemas". Você agora está pronto para usar essa percepção de maneira criativa.

É melhor checar sua habilidade de enfrentar momentos aflitivos em um ambiente seguro antes de se ver em meio a um confronto mais sério, portanto sugiro alguns testes que provoquem um pequeno nível de ansiedade para você praticar.

Relaxe a fim de deixar sair qualquer tensão presente.
Imagine-se lidando com cada uma das situações abaixo, uma por vez.
Sinta a tensão e veja como reage.
Use um *alívio rápido* para se tranqüilizar. Demore o tempo que for preciso até se sentir seguro de que voltou ao seu estado original de relaxamento.

1. Você está colocando cereal no prato. De repente, percebe que o leite no fogão está derramando.
2. Você está saindo de casa quando dá de cara com o vizinho com o qual discutiu semana passada.
3. Ao se aproximar de seu carro, vê uma multa no pára-brisa.

Agora você está pronto para testar sua habilidade de se acalmar em situações imaginárias que causam um nível maior de ansiedade. Se por alguma razão você julga alguma dessas situações perturbadora, não tente com ela. Prepare outros cenários que sinta capaz de tolerar.

> 1. Você está de pé na plataforma enquanto o trem se afasta e então se lembra de que esqueceu sua pasta no banco.
> 2. Você passou horas tentando consertar um aparelho doméstico. Está num momento crucial que requer um pulso firme, quando o cachorro vem e o empurra.
> 3. Você acabou de receber notícias ruins pelo telefone. Não quer que as crianças percebam como está contrariada.

Assegure-se de deixar tempo suficiente de relaxamento profundo entre cada teste. Você aprenderá a reconhecer quando estiver realmente calmo outra vez. Algumas pessoas gostam de tomar o pulso antes do teste: notam como ele se acelera quando ficam ansiosas e depois verificam se voltou ao ritmo normal superada a ansiedade.

Você agora está pronto para considerar as situações da vida real. Não existe nenhum "é preciso" ou "deve". O que lhe provoca aflição pode ser completamente diferente do que incomoda outras pessoas. Talvez você queira, primeiro, passar por um ensaio para se certificar de que, quando o fato ocorrer, saberá controlar a situação e não será uma vítima da pressão.

> Pense em uma situação que normalmente lhe provoca tensão. Imagine que ela está acontecendo agora.
> Concentre-se no lugar e nas pessoas envolvidas. Esteja consciente do que está acontecendo e do que está sendo dito. Reconheça os gatilhos de tensão que lhe informam que você está começando a se sentir desconfortável.
> PARE.
> RECUE.
> Use o exercício tranqüilizador de sua preferência.

> Limpe seus pensamentos por um momento.
> Use *a conversa interior* para identificar o que quer.
> Use qualquer frase afirmativa, palavras-chave ou ações que ajudem.
> Agora enfrente a situação sabendo que está no controle.
>
> Agora tente com outros exemplos.
> Vá graduando seus ensaios, começando com o que lhe pareça mais fácil de lidar.
> À medida que aumentar sua confiança, você estará apto a enfrentar eventos mais exigentes.

Você já ensaiou e agora está pronto para encarar o mundo real.

Se souber com antecipação que alguma coisa aflitiva vai acontecer, já começa com uma vantagem. Se, por exemplo, vai entrar numa sala para um exame ou entrevista, ou vai falar em público, ou sabe que logo vai ter um encontro difícil, está numa boa posição para se preparar. Se possível, vá para um lugar privado com o objetivo de usufruir momentos relaxantes. A toalete, o banheiro, talvez tenham que preencher essa função, e não são lugares ruins. Você pode fechar a porta, sentar-se e ficar o tempo que precisar sem que alguém exija sua atenção. Este não é o momento para ensaios. O ensaio não deve ser usado como forma de se preparar — isso deve ter sido feito antes. Voltar uma e outra vez ao que você gostaria de fazer não é bom nesse estágio, pois impede a concentração.

Peter, embora bem preparado para sua prova, começou a duvidar de sua capacidade de pensar claramente nas condições de um exame. Decidiu decorar as respostas para as perguntas mais esperadas. Quando encarou a folha de perguntas, estava tão tenso que ficava repetindo mecanicamente as respostas para si mesmo e rapidamente escreveu as respostas decoradas sem considerar as questões com tranqüilidade, relaxado. Infelizmente, ele leu o que queria e não o que realmente estava lá, deu respostas inadequadas — e não foi aprovado.

Se você se permite ficar sem pensar em nada o tempo suficiente para relaxar, ficará muito mais alerta, e seus pensamentos fluirão mais facilmente. Sei que é difícil acreditar nisso e é preciso coragem para abandonar o roteiro ensaiado. Sua confiança em sua própria capacidade de enfrentar os problemas é o que realmente está em teste. Então, por que não tentar primeiro em pequenas situações de pouca importância para estabelecer sua autoconfiança?

Se você for pego em uma cena de tensão sem aviso prévio, então talvez precise sair um pouco, se for possível, para ter alguns momentos de relaxamento.

> Jane se viu ficando cada vez mais agitada ao dizer aos pedreiros que eles não estavam cumprindo suas instruções corretamente. Eles respondiam de maneira agressiva e mal-educada. Ela sentiu seus músculos se enrijecendo e sua voz ficando mais aguda. De repente, parou e disse "Tenho de ir lá dentro um instante e já volto". Jane fez um *alívio rápido*, esvaziou sua mente, reorganizou seus pensamentos e então enfrentou os pedreiros com calma e determinação.

Se você não puder se distanciar da situação, terá que controlar as coisas ali mesmo. Lembre-se de que não precisa responder com agressividade ao que está acontecendo ao seu redor. Não há mal nenhum em ser ponderado. Você estará mais no controle se puder se permitir uma pausa e rapidamente se acalmar.

Ansiedade! — Pare — relaxe os músculos e solte a
*   respiração com um suspiro lento*
*   (exercício respiratório 2) — aja com calma.*

Você pode empregar táticas de adiamento enquanto avalia a situação e tem uma rápida conversa interior. Deixe-me relembrá-lo das frases de adiamento sugeridas no Capítulo 5:

"Bem, deixe-me ver...", "Humm... então o que parece estar acontecendo...", "Bem... então o que você está dizendo é...".

Recentemente, eu me dei um tempo para me acalmar duas vezes. Uma vez, quando escorreguei na calçada gelada e me senti perturbado, resisti à tentação de voltar rapidamente à ação e sentei-me no meio-fio até me sentir suficientemente recomposto para me levantar devagar. À pessoa que se apressou em me ajudar, eu disse: "Quero ficar aqui sentado quieto por um instante". Quando uma pequena colisão de carro me deixou levemente em choque, outra vez senti a necessidade de reagir ficando sentado quieto no carro por alguns minutos antes de sair e encarar a tarefa de ver o estrago, atribuir culpas e trocar números de telefone. Eu disse calmamente que não estava ferido, mas queria me sentar quieto por uns instantes. Usando as técnicas de relaxamento, atrasei os procedimentos mais ou menos um minuto!

Se precisar de tempo para se acalmar, você tem esse direito. Como não pode esperar que os outros leiam sua mente, tem que se responsabilizar por fazer o que precisa. Aprimorando a técnica, você ficará surpreso ao ver que a quantidade de tempo envolvida pode ser realmente muito pequena.

A MANEIRA SUAVE DE TRATAR A DOR E A DOENÇA

São muitos os benefícios que a prática do relaxamento profundo traz como ajuda para a cura. Quando o corpo está em estado de alarme, a adrenalina adicional presente retarda o processo de reparação e renovação das células. O relaxamento atua no sistema nervoso parassimpático, que se contrapõe a isso e permite que o processo de reparação continue. Vimos que, enquanto o corpo relaxa, endorfinas são liberadas e atuam como um analgésico natural, aumentando a sensação de bem-estar. Descobriu-se que o relaxamento profundo diminui a pressão do sangue e, como isso resulta em pulsação mais baixa, pode ajudar a reduzir o sangramento. (Se você está tomando algum remédio que afeta o metabolismo, por exemplo, um caso de diabetes, talvez descubra que suas necessidades podem se alterar. Verifique com seu médico.)

Se estiver doente é mais importante reservar um tempo para relaxar a fim de que possa liberar energia suficiente para ajudar na recuperação. Também pode empregar suas técnicas preferidas para lidar com a dor e o desconforto. É um paradoxo o fato de que, ao relaxar por causa do desconforto, você realmente possa se sentir mais confortável.

Aqui estão algumas idéias para experimentar quando estiver com dor.
Admita a dor. Conscientize-se do que é importante para você no momento; a dor é parte de você agora.
Use seu próprio tipo favorito de fantasias para lidar com ela.

Se você for visual, pense talvez em sua cor favorita e gradualmente a faça ficar mais suave, menos forte. Pense no formato da dor e deixe seus contornos ficarem borrados.

Se for auditivo, escute o som — talvez um grito ou uma pancada surda — e tente fazê-lo ficar mais suave, menos audível, mais vagaroso.

Se for tátil, sinta o ritmo: estocada, pulsação, monótono e contínuo. Tente pensar em animá-lo ou marcar a cadência, deixá-lo se arrastar e se espalhar. Deixe-se embalar ou balançar com o ritmo.

Talvez você prefira desviar sua atenção do desconforto.
Concentre-se em relaxar profundamente alguma parte do corpo longe da área que dói; por exemplo, pense em um pé pesado e quente enquanto estiver no dentista.
Use suas próprias fantasias para levar sua atenção para outro lugar — olhe pela janela ou para um quadro, escute música ou rádio.

Você já notou que, quando estão se sentindo contentes e livres do estresse, as pessoas têm um brilho de boa saúde? Parece ser verdade que uma boa administração do estresse pode realmente melhorar a saúde!

DIRIGIR E OUTRAS TAREFAS

Estou usando dirigir como um exemplo de como é possível abordar suas tarefas mais cotidianas com um controle calmo. Cabe a você aplicar os aspectos relevantes a seus próprios propósitos e situações pessoais.

- Conscientize-se de como você vê o carro. É um símbolo de *status*? É uma maneira de expressar seu poder ou agressividade? É apenas um veículo conveniente para levar você de um lugar a outro?
- Planeje seu caminho antes de sair.
- Entre no carro devagar. Dê-se um tempo para se acomodar, ajustar o espelho e o assento. Relaxe com um *alívio rápido* por meio minuto com ambos os pés no piso do carro e suas mãos no colo. Ao relaxar, meio minuto parece muito mais e é muito benéfico.
- Atenção à sua postura. Você deve se sentar com as pernas ligeiramente curvadas. Se tiver que brecar de repente, a perna dobrada pode absorver o choque. Deixe seus ombros soltos e suas costas bem apoiadas.
- Ao dirigir, mantenha o pé esquerdo no piso em vez de apoiado no pedal.
- Segure a direção levemente. Dobre os dedões suavemente sobre o raio da direção.
- Verifique sempre se há tensão em suas mãos, ombros, queixo e cenho (os semáforos oferecem um bom momento de pausa natural para essa verificação).
- Mantenha sua visão ampla.

- Escute música, desde que isso não o distraia. Uma fita de relaxamento pode fazer com que fique menos alerta, portanto é melhor evitar.
- Verifique se tem ar fresco suficiente.
- Faça pequenos lanches em vez de uma grande refeição. Em uma viagem longa, tenha à mão alguns aperitivos para beliscar e algo para beber.
- Ocasionalmente, mexa o pé para cima e para baixo enquanto espera o sinal, de modo a manter a circulação ativa. Se a viagem for longa, desça e ande um pouco a cada uma hora.
- Se estiver sonolento, sempre pare e faça uma sessão de relaxamento profundo. Você não pode dar-se ao luxo de não fazer isso!
- Evite o uso do celular enquanto estiver dirigindo. Se receber chamadas, desenvolva o princípio de que retornará a ligação assim que puder parar em algum lugar.
- Use qualquer atraso para uma rápida prática de relaxamento. Dê as boas-vindas às oportunidades.

Veja os rostos tensos dos outros motoristas e se congratule por estar agindo corretamente!

> Escreva (ou converse sobre) um plano para qualquer outra atividade.
> Assegure-se de que está levando em conta seu conforto físico.
> Inclua o tempo necessário para se acalmar e descansar.

Você deve a si mesmo fazer sua vida tão confortável quanto possível. Espero que por mais onerosa que seja a experiência, você a perceba como um desafio que pode lhe trazer aspectos positivos e agradáveis. Ainda que a tarefa continue horrível, você pode desfrutar a satisfação de ter sido capaz de realizá-la bem.

CAPÍTULO 11

O caminho à sua frente

CONSEGUINDO O EQUILÍBRIO CERTO

O caminho à sua frente está cheio de aventuras e desafios. Você está bem preparado para dar a si mesmo um bom equilíbrio de relaxamento, recreação e estresse criativo, e está pronto para abordar o futuro com a capacidade de fazer planos e assegurar seu próprio sucesso e auto-realização.

UMA ABORDAGEM POSITIVA

Todos conhecemos pessoas que vêem o mundo como um lugar perigoso, que vêem a si mesmas como vítimas, e estão realmente disponíveis para receber os golpes. Por causa dessa percepção, elas se comprazem com a conversa do "pobre de mim" e continuam a acumular angústias. Talvez caiamos todos nessa armadilha autodestrutiva de tempos em tempos, portanto sabemos como é fácil, depois que se começa, entrar cada vez mais fundo no poço. Quando decidimos abandonar o papel de vítimas, podemos encontrar a coragem para sobreviver às ciladas e participar totalmente de todas as nossas experiências.

Mude a percepção

Helga e Albert vivem em uma rua movimentada. Sempre que Albert tem que tirar seu carro da garagem, ele acha intolerável esperar pelo momento adequado. Sempre se agarra à fantasia de que poderá sair imediatamente, portanto fica desapontado e começa seu dia com raiva, descontentamento e tensões musculares. Helga tem outra expectativa. Ela reserva tempo suficiente e assume que levará cerca de cinco minutos para conseguir sair da garagem. Geralmente consegue sair bem antes disso e começa seu dia de trabalho sempre agradavelmente surpresa e relaxada.

Às vezes, apenas mudando o vocabulário você pode influenciar a maneira como se sente. Sem dúvida, você já ouviu exemplos de percepção diferente demonstrada quando se afirma que uma garrafa está meio vazia ou meio cheia, de ver o perigo como desafio ou o risco potencial como uma aventura. Uma vez ouvi uma linda senhora referir-se a seu apartamento como "as quatro paredes". Ela sentiria de maneira diferente se o percebesse como seu abrigo em vez de sua prisão. Um homem que disse ter tido uma péssima noite, de fato, foi ao banheiro três vezes e depois dormiu profundamente.

Adotar o hábito de usar frases objetivas em vez de juízos de valor sobre si mesmo é um bom recurso. Você pode parar de pensar em si mesmo como "estúpido", "incompetente", "preguiçoso", "um fracasso", e em vez disso começar a dizer "Eu não entendo isso", "Não fiz isso bem", "Não tentei o suficiente", "Não passei nesse exame". Começará a entender que é responsável por seu comportamento, mas não é o somatório do que faz.

Já notou que pessoas que se sentem à vontade e relaxadas com freqüência não se levam demasiado a sério e conseguem tolerar o ridículo? É difícil continuar se sentindo mal ao gargalhar! Examinemos os desenhos, os palhaços e as situações cômicas: todos fazem rir da condição humana. Nós nos identificamos com os personagens, entramos em contato com o absurdo da vida, rimos, e assim filtramos nossa raiva ou aflição.

Uma mulher que conheço, que gosta de desenhar, introduziu uma abordagem brincalhona em suas experiências frustradas, fazendo desenhos de tiras cômicas. Ao se desenhar de cara vermelha e tremendo de raiva, ela viu que, depois de expressar sua raiva, estava pronta para lidar calmamente com a situação. Ocasionalmente, ela faz um segundo desenho no qual implementa as mudanças que a fazem ficar mais contente. Ela primeiro resolve os problemas no papel antes de passar para a vida real.

Mude a linguagem

Você faria uma boa ação a si mesmo se cortasse de seu vocabulário palavras como "devo", "preciso"e "tenho". São palavras que o colocam firmemente no papel passivo de alguém que não toma suas próprias decisões. Provavelmente se sentirá muito mais confortável com "prefiro", "quero", "decido", "desejo", "escolho". Você pode até decidir fazer alguma coisa que acha desagradável, mas tal decisão o coloca firmemente no controle, e você tolera o desconforto porque escolheu tolerá-lo.

Tente mudar as frases seguintes para alternativas mais afirmativas:
Tenho que arrumar o jardim neste final de semana.
Eu não deveria comer bolo de sorvete.
Eu deveria estar estudando, mas não consigo me concentrar.
Tenho que visitar minha tia doente hoje.

Agora crie alguns exemplos seus.

Esqueça a dor

Algumas pessoas achariam a vida muito mais enriquecedora se se permitissem desfrutar suas experiências aqui e agora, sem expectativas sobre o futuro ou arrependimentos acerca do passado. Elas se libertariam do desperdício de energia que tantos de nós gastamos com lembranças dolorosas. Não dariam espaço para a forma de pensar "E se eu...".

> Anos atrás visitei um grupo de reassentamento domiciliar e conheci James, um homem de seus setenta anos. Ele tinha passado boa parte de sua vida em hospitais e agora tinha, para o resto de sua vida, uma acomodação que incluía sua pequena cama, onde estava cercado por seus livros e quadros. Nesse quarto, um passarinho voava para dentro e para fora de sua gaiola, descansando ocasionalmente nas mãos do companheiro. James explicou que esse pássaro exemplificava o que ele chamava de sua "abordagem de mão aberta para a vida". Contou que qualquer coisa que pousasse em suas mãos (ou em sua vida), ele a vivia sem a agarrar. Suas mãos permaneciam abertas e assim, quando a experiência se fosse, não tentava segurá-la. O que James estava descrevendo era uma vida sem expectativas e, portanto, sem desapontamentos. Cada experiência era vivida, com dor ou prazer, mas sem ligações ou resistências.

Não estou sugerindo que você deva borrar seu passado. Se quiser aprender com as experiências, é necessário recordá-las. O que sugiro é que tente esquecer a dor das feridas passadas. Você pode escolher rememorar várias vezes as coisas que lhe causaram aflição, punir-se outra e outra vez. Você pode dizer "Vou me lembrar de como isso foi horrível até minha morte", ou "Foi uma experiência ruim, agora posso esquecer essa dor e continuar minha vida".

Reconheça seus direitos

Se você tem deveres, então também tem direitos. Não são concessões que lhe são dadas por outros, mas têm a ver com o que você considera básico para sua vida. (Lembre-se, o que não temos é o direito de violar as necessidades dos outros.)

A seguir, você encontra alguns dos direitos pessoais que me foram sugeridos por membros dos meus grupos.

Você tem o direito de:

ser tratado com respeito	rir
ser bem-sucedido	chorar
expressar seus sentimentos/opiniões	falhar
não fazer valer seus direitos, se preferir	fazer nada
ter privacidade	mudar
dar tempo a si mesmo	dar espaço a si mesmo

Talvez você não ache todos esses itens importantes. Acrescente à lista tudo o que for significativo para você.

COMBATENDO A AFLIÇÃO CONTÍNUA

De vez em quando você se pega em estado de *aflição contínua*? Sente que seus fios estão sobrecarregados e que pode facilmente "ter um curto-circuito"? Talvez esteja preso em um comportamento improdutivo: explodindo, resmungando, passando muito tempo em uma tarefa mas conseguindo pouco. Ou pode estar chateado porque está alterando seu padrão de dormir, comer, fumar. Às vezes, os outros percebem esses sintomas antes de você. Confie na observação das pessoas que respeita. Você pode estar muito acima de seu Nível Confortável de Funcionamento (ver Capítulo 3). Por outro lado, talvez você se sinta feliz com muito estresse criativo, porém descobre que o que está tendo é o tipo errado de pressão; que está em um estado de alerta que sobrecarrega, mas não lhe confere um sentimento de realização. Assim que o sinal de alarme soar, você estará pronto para PARAR e RECUAR.

Algumas das sugestões a seguir podem ajudá-lo. Se começar a sentir que elas são uma tirania, estará aumentando sua aflição. Cabe a você escolher as idéias que realmente podem se aplicar ao seu caso.

Faça um mapa de pensamentos

Seus pensamentos podem estar se atropelando em sua cabeça. Tentar se organizar acaba fazendo você se sentir mais tenso. Tente escrever os pensamentos que lhe ocorrerem; palavras ao acaso também. Não os coloque em ordem, deixe-os aparecer a esmo na página. Depois de um tempo, será capaz de ligar as idéias, colocá-las em certa ordem, decidir o que é relevante ou não.

Quando quero planejar uma nova aula, acho o mapa de pensamentos muito útil. Escrevo todos os tópicos que poderia incluir, deixando que passem direto de minha cabeça para o papel. Às vezes escrevo-os em pequenos pedaços de papel, depois começo a movê-los, decidindo o que é essencial e o que deve ser deixado de fora, se me faltar tempo. Alguns itens realmente são parte de um mesmo tópico e podem ser ligados. Então vejo por onde devo começar e a ordem aparece.

Reveja a situação

Faça isso ao elaborar sua lista, seja mentalmente ou escrevendo. Você está na posição de desenvolver uma visão geral. Pode determinar prioridades e decidir o que é ou não essencial.

> Faça uma lista das áreas importantes de sua vida no momento.
> Veja quais são aquelas sobre as quais não tem controle.
> As que você controla devem ser divididas entre as que pode:
> a) deixar completamente;
> b) adiar;
> c) delegar;
> d) lidar com elas imediatamente.
>
> Separe:
> 1) o tempo necessário para pensar ou planejar.
> 2) o tempo necessário para realizar a tarefa.

Épocas sobrecarregadas

Sempre existem momentos em que você terá de escolher suas atividades. Se atingiu o ponto de saturação, talvez tenha que mudar "Eu não posso fazer isso" para "Eu não posso fazer isso além de tudo o que já estou fazendo". Isso pode levá-lo a reavaliar suas prioridades. Com freqüência, é possível antecipar as épocas em que provavelmente você vai estar sobrecarregado, quando pode se ver dizendo "Eu não posso fazer isso no momento".

Eu costumava achar o primeiro mês do ano letivo muito agitado. Havia novos alunos para conhecer, novos cursos, muita administração, muitas reuniões... portanto, setembro não era um mês para ter hóspedes em casa, festas, ou qualquer coisa que fosse exigir mais de mim. Esse era o momento para me proteger cortando qualquer atividade extra, ainda que prazerosa. As festas e as saídas tinham de ser adiadas até eu ter energia para desfrutá-las.

Aprenda com a experiência

Geralmente, há padrões nos períodos de congestionamento e é bom aprender a antecipá-los. Pense nos momentos antes e depois das férias, no Natal ou quando em mudança. Se possível, planeje com antecipação para se proteger do esgotamento, em vez de esperar pelos sinais de estresse. Uma boa maneira de fazer isso é pensar como foi o desfecho, no passado, de situação semelhante. Avalie se foi bem-sucedido ou não ao lidar com ela, decida o que deve ser repetido e o que precisa ser mudado. Você escolheu as prioridades certas? Alguma coisa poderia ter sido eliminada ou acrescentada? Verifique o que, da experiência passada, indica que você deve parar e pensar outra vez.

Coloque-se

Você conhece sua capacidade e é seu dever para consigo mesmo respeitá-la. É preciso pôr limites em seu tempo disponível, sua capacidade e escolhas pessoais. Se reservou tempo para relaxar, não mexa nisso. Você conhece sua maneira de trabalhar, se prefere intervalos curtos ou longos. Talvez descubra que terá de afirmar isso e se preparar para negociar com outras pessoas que podem ter padrões diferentes. Lembre-se: não há certo ou errado. Você precisa ter confiança no que funciona com você, mas tem de respeitar as necessidades daqueles que funcionam de um jeito diferente, e muitas vezes é preciso buscar uma solução conciliatória. Algumas pessoas acham útil dizer a si mesmas, ou a outros:

> Parece que temos prioridades/valores/perspectivas diferentes. Provavelmente temos maneiras muito diferentes de lidar com isso.

Horário

Nem tudo pode ser feito de uma vez e é surpreendentemente liberador ser capaz de espacejar nossos compromissos. Se não for capaz de fazer isso, você pode se ver tendo que se concentrar outra e outra vez no que ainda não teve tempo de fazer para mantê-lo fresco na memória. Isso é perda de energia e desnecessariamente estressante.

> Pense em uma atividade particular que você quer fazer, mas sabe que não pode realizar imediatamente.
> Planeje um momento futuro quando estará livre e decida adiar até lá todo pensamento sobre essa atividade.
> Reserve o tempo e faça uma nota mental ou escrita sobre sua decisão.
> Agora você está livre da tirania dos resmungos da culpa.

Quando você é capaz de planejar com antecedência, pode se ver afirmando coisas como "Obrigado por me emprestar este livro. Gostaria de lê-lo nas férias de junho. Você quer que o devolva agora, ou posso ficar com ele?", ou "Realmente quero replantar o canteiro de rosas. Mas não vou ter tempo, portanto acho que isso não vai acontecer este ano. Na próxima primavera, verei se será possível".

Delegue

Se você não é capaz de delegar e aceitar o apoio de outras pessoas, seria bom perguntar a si mesmo:

Você precisa justificar sua existência?
Precisa ser indispensável?
Acha difícil confiar na competência dos outros?

Quando descobrir que não há virtude em fazer tudo você mesmo, ver-se-á enfrentando riscos: pode ficar pior do que se você mesmo fizer, mas pode ficar melhor. A única certeza é que será feito de modo diferente. As outras pessoas não são, e não devem ser, clones seus. Se isso é um problema para você, reconsidere suas expectativas. Ao delegar criativamente, você deixa de ser um operador para ser um facilitador, outra habilidade que vale a pena ser desenvolvida.

Saiba se apoiar

Um advogado amigo meu tem a reputação de possuir uma memória fenomenal. Eu lhe perguntei qual era seu segredo. Ele me garantiu que não havia segredo. Na verdade, não carregava todo o conhecimento em sua cabeça. Era muito econômico com o espaço de seu cérebro e aproveitava muito do conhecimento dos outros; sabia como acessar informações, como usar referências, como usar notas. Não é importante ter o objetivo de saber todas as respostas. "Eu não sei" é uma resposta válida desde que seja seguida de "mas descobrirei".

Dome seu diabinho interior

> Teresa, uma estudante amadurecida, reservara uma semana para trabalhar em um ensaio difícil. Cada vez que se sentava à escrivaninha, notava que havia alguma pequena tarefa doméstica que tinha de fazer — o quadro estava torto, havia uma mancha no espelho. No final da semana ela havia limpado todos os armários e enchido o freezer com bolos feitos em casa... mas o ensaio estava longe de ser concluído. O diabinho dela tinha vencido!

A *armadilha do adiamento* é uma demonstração da destrutividade do diabinho interior. É preciso achar maneiras de lidar com a tentação de se concentrar em desvios não importantes. Pode ser necessário reservar um tempo mais tarde para lidar com as tarefas invasivas. Talvez você tenha de dizer "Estou vendo que aquele quadro está torto. Vou endireitá-lo daqui a mais ou menos uma hora quando levantar para fazer um café". "Preciso arrumar a gaveta do meu armário, mas não hoje. Vou fazer isso na quinta-feira à tarde, quando terminar meu relatório." Para sua surpresa, verá que, depois de reservar um tempo para tal tarefa, você já não vai ter mais interesse em fazê-la naquele momento. Seu diabinho interior, depois de domado, decidirá deixar você em paz.

Use frases de enfrentamento

No Capítulo 9, tratei da utilização de palavras-chave e frases afirmativas. Se isso for de boa ajuda para você, então este é o momento para preparar declarações convenientes, seja para estimulá-lo ou para ajudá-lo a ficar calmo. Se você tiver uma autocrítica aguda, talvez seja bom começar a se lembrar de que ninguém é perfeito.

Existem duas perguntas que você pode querer se fazer:

1. **De quem é este problema?**
   É muito fácil enredar-se em uma confusão na qual você pode estar assumindo um problema que é de outra pessoa (ex.: Estou preocupado porque meu filho está preocupado porque estou preocupado com ele!). Existe uma grande diferença entre solucionar seus próprios problemas e ajudar outras pessoas que estão com problemas. Quando você ajuda outras pessoas, está oferecendo a força de seu apoio que é tanto mais eficaz porque você não está centrado no envolvimento emocional da questão.

2. **O que pode acontecer de pior?**
   É fácil perder a perspectiva quando se está em pânico. Encarar o resultado possível pode ajudá-lo a analisar

a situação, o que pode esclarecer o caminho. Quando pensa em uma coisa até o fim, você pode até mesmo descobrir que não é tão ruim como achou que seria.

COMBATENDO A AFLIÇÃO PASSIVA

Você logo percebe quando as "coisas estão demais" para você. Entretanto, alguma vez percebeu quando elas estavam "de menos"? O fato de nada estar acontecendo pode causar uma aflição que resulta em baixa auto-estima, em depressão ou no sentimento de que a vida está passando por você.

As pessoas que funcionam abaixo de seu Nível Confortável de Estresse sofrem de tédio. Percebem que questões cruciais para seu bem-estar estão fugindo de seu controle. Precisam de participação ativa e responsabilidade para se colocar em contato com o mundo e restaurar seu sentido de objetivo e de bem-estar.

A falta de estímulo muitas vezes se move em uma espiral decrescente. Quando as pessoas estão fazendo pouca coisa, logo descobrem que estão fazendo cada vez menos. As atividades que ficaram para as férias, se o tédio está presente, com freqüência nunca serão concluídas. Existe um ditado que diz que, se você quer que alguma coisa seja feita, deve pedir a uma pessoa ocupada.

Quando as pessoas estão envolvidas em tarefas não-estimulantes, repetitivas, ficam mais propensas a acidentes porque não estão suficientemente estimuladas para prestar atenção. Também ficam mais propensas a terminar esgotadas e menos satisfeitas. As pessoas robôs (e há um robô em todos nós) também são propensas, pelo hábito, a ter um "programa mental" que torna difícil para elas ver o mundo com olhos renovados. Por exemplo, em um cartaz em uma cantina de trabalhadores está escrito "Feliz Nattal".

Nenhum dos freqüentadores nota o erro. Igualmente, se você mostrar a um grupo de pessoas um papel onde está escrito "Paris na na primavera", a maioria lerá o que está acostumada a ler.

Reequilibre-se

Algumas pessoas descobrem que precisam compensar o equilíbrio de um trabalho desestimulante com *hobbies* ou atividades esportivas excitantes. Às vezes, isso é feito vicariamente ao se envolverem como espectadores em esportes, leituras ou filmes de suspense. Algumas pessoas com vidas muito monótonas têm os sonhos mais arrepiantes.

Talvez você queira fazer planos concretos para agregar um estresse mais criativo à sua vida.

Deixe as mudanças acontecerem

Talvez seja preciso incorporar mudanças em sua rotina diária. Você pode pensar nas maneiras de romper seu padrão cotidiano ou introduzir um elemento-surpresa em seu dia.

> Em um desses terríveis dias de verão na Inglaterra, muitos anos atrás, quando a chuva caía sem parar e meus filhos, entediados, se lamuriavam "Não há nada para fazer!", eu disse, em um momento de inspiração: "Sim, tem, nós vamos almoçar — mas debaixo da mesa!" De repente, eles se puseram em ação — preparando a comida, arrumando os pratos no chão, colocando uma colcha de cama sobre a mesa para simular uma tenda. No final, fui convidada a engatinhar e participar do alegre almoço, cheio de risadas.

Vale a pena pensar um pouco em como uma abordagem "debaixo da mesa" pode ser introduzida em um dia de trabalho, em um final de semana, nas relações sexuais ou nos planos de lazer.

Aprenda com o passado

Se a vida era boa no passado e agora está ruim, pense no que poderia ser reintroduzido em sua rotina. Você pode se ver pensando algo como "Sempre quis retomar a pintura quando tivesse tempo" ou "Eu adorava dançar quando era jovem. Talvez possa continuar agora".

A essa altura, seu diabinho interior pode pular e fazer você se concentrar no que perdeu e que nunca poderá ser recuperado. É preciso lembrar a si mesmo: seja realista. Compensar uma perda — de um companheiro, de seu vigor, de sua renda — fazendo planos impossíveis vai deixá-lo frustrado e sofrendo mais. Primeiro, pense um pouco mais em como se confortar e depois tente enriquecer sua vida de acordo com sua situação atual.

Caminhando em direção ao sucesso

> Dê à sua situação atual uma nota em uma escala de 1 a 10.
> O que deve acontecer para fazer sua nota aumentar um ou dois pontos?
> O que você teria que fazer para que essas coisas acontecessem?

Quando as pessoas estão deprimidas, elas tendem a se afastar da ajuda e do apoio dos outros. Depois que se dispõem a se abrir, têm a possibilidade de encontrar muita coisa útil:

Apoio do meio ambiente — pessoas
família e amigos íntimos	vizinhos
profissionais de saúde	terapeuta/psicólogo
líder religioso	colegas

Apoio do meio ambiente — lugares
   cursos para adultos
   trabalho voluntário
   artes (música, pintura, teatro)
   conselheiro de carreira
   grupos de auto-ajuda
   esporte

Coisas para fazer só
   escutar música
   tocar um instrumento
   desenhar/pintar/modelar
   cuidar do jardim
   decorar
   andar/passear/correr
   fazer palavras cruzadas/
      quebra-cabeças
      planejar férias
   ler
   escrever cartas/telefonar
   costurar, tricotar, bordar
   cozinhar
   fotografar
   arrumar um armário
   aprender uma nova
      habilidade/língua

Faça uma lista de coisas que gostaria de fazer de vez em quando. Consulte-a quando não conseguir se decidir. Tente fazer uma coisa nova a cada semana ou a cada mês.

A vida é muito preciosa para ser desperdiçada. Faça as coisas agora!

DIZER "NÃO" SEM CULPAS

Se é difícil para você dizer não, responda às perguntas seguintes:

   Você encontra alguma satisfação em ser mártir?
   Sente que sempre precisa fazer o que os outros pedem?
   Tem medo de que não gostem de você?
   Está preparado para se arriscar a ter a desaprovação dos outros?

A primeira coisa que terá de aceitar é que, como um ser humano imperfeito, você está destinado a desapontar as pessoas algumas vezes. Deve estar preparado para sobreviver a isso e dizer "Sinto muito ter desapontado você".

Perceba os temas manipuladores que algumas pessoas usam:

"Estou com um problema terrível..." (recorrendo a você, o salvador).
"Sei como você é gentil/confiável... (conclamando você a estar à altura de sua reputação).
"Sei que posso confiar em você... (conclamando você a estar à altura da opinião que *elas* têm de você).

Tenha cuidado! Estão preparando uma armadilha para você!
Você tem o direito de não tentar estar à altura das expectativas dos outros. Talvez tenha de refutar a afirmação deles, com a sua própria afirmação: "Receio nem sempre ser capaz de ser gentil/confiável/esperto/inteligente. Receio que não possa confiar em mim desta vez". Embora esteja dizendo não, você quer mostrar preocupação com o dilema da outra pessoa, portanto mostre que entende a situação em vez de dar uma lista de desculpas que significa que terminará falando de si mesmo. Não entre na competição relatando seus problemas ou dizendo coisas que jogarão o foco sobre você. A recusa a um pedido pode ser mais ou menos assim:

1. Afirme de maneira aprovadora que você entende o problema.
2. Diga "não".
3. a) Ofereça-se para fazer o que estiver ao seu alcance.
   b) Sugira alternativas.

Eis um exemplo:

1. Você gostaria que eu o ajudasse a consertar uma cadeira.
2. Sinto desapontá-lo. Não tenho tempo agora.
3. a) Eu poderia ajudá-lo dentro de alguns meses, quando tiver terminado de fazer a minha cerca.

b) Se não quiser esperar, posso lhe dar o nome de uma pessoa que talvez possa consertar a cadeira para você.

A seguir você encontra alguns pedidos extremos. Tente dizer "não" sem perder um amigo.

> 1. Vou viajar por quatro semanas. Você poderia vir todo dia para ver como está a casa, regar as plantas, alimentar o peixe e cortar a grama uma vez por semana? Sei que posso contar com você.
> 2. Você é tão gentil! Vou ter uma reunião aqui na próxima semana, com quarenta pessoas. Você e seu marido podem vir para fazer o café?
> 3. Estou com um problema terrível! Sei que você está no meio de uma festa, mas tenho de buscar Madalena no aeroporto e meu carro não pega. Você pode ir comigo?

FAZENDO OS PLANOS DE AÇÃO FUNCIONAREM

Se quiser implementar mudanças importantes ou desenvolver novos esquemas para si mesmo, certifique-se de que seu programa vai ser bem-sucedido. É bom estabelecer um caminho por onde possa ir, indômito, em direção a seu objetivo. Uma pequena quantidade de tempo dedicado ao planejamento é um bom investimento.

Defina sua posição atual

Ao definir, especificamente, sua posição atual, você já começa a analisar o que vale a pena preservar e o que precisa ser mudado. Isso ajudará a determinar seu objetivo e lhe dará uma base a partir da qual avaliar seu progresso. Se não sabe de onde está saindo, não pode saber o quanto caminhou.

Defina sua direção — seu objetivo principal

Verifique se está sendo realista. Controle seu diabinho interior e evite mergulhar em um elemento de fantasia, que trará o fracasso para o plano. Tenha cuidado de não apontar para algo que poderia reforçar um sentimento de baixa auto-estima e sobre o qual seu diabinho possa dizer: "Está vendo? Eu sempre soube que você não conseguiria!".

> Penelope tinha uma voz muito boa. Sonhava em se tornar uma grande cantora, mas, agora na casa dos trinta, ainda não tinha dado sequer um recital. Desenvolveu um espasmo de garganta crônico que culpava por sua falta de progresso profissional. Depois de muita auto-análise, ela mudou seu objetivo e decidiu ser mais realista em suas expectativas. Seu espasmo de garganta melhorou e ela começou a curtir compromissos semiprofissionais adequados a sua capacidade.

Tenha um objetivo *positivo*. Defina aonde você está indo em vez de se concentrar no que quer deixar para trás. Assim, em vez de "Eu não queria ser tão triste", você poderia dizer "Eu realmente queria ter um pouco de diversão em minha vida".

Desenvolva seu objetivo e *especifique-o*. "Eu queria ser mais organizada" é vago e não aponta nenhuma direção. Em vez disso, tente: "Eu queria manter minha escrivaninha arrumada, organizar os papéis mais cuidadosamente e ter uma agenda melhor". Ao ser específico, você analisa a situação e tem uma idéia quanto a uma possível solução.

Admita os riscos

Você está embarcando em uma aventura que será tanto amedrontadora quanto excitante. Permanecer estático, ainda que desconfortável, pelo menos é previsível. Há um ditado que diz que o diabo que você conhece é melhor do que o diabo que ainda vai conhecer. (Se você pensa assim, talvez queira desistir.) É bom saber quais são os riscos. Talvez seja difícil abandonar uma visão antiga de si mesmo ou uma visão que os outros têm de você. Você tem o direito de mudar, mas lembre-se: talvez os outros tenham de mudar junto com você. As dimensões familiares ou as relações de trabalho podem se alterar. Você pode ter de rever seu progresso e fazer ajustes em seu plano e até chegar à conclusão que fez uma escolha ruim. Introduzir a adaptação a seu programa torna você vulnerável. Você pode agüentar isso? Tem coragem?

Objetivos menores

Faça uma lista de passos facilmente alcançáveis em vez de grandes pulos para a frente. Pode ser uma boa idéia criar um *mapa de pensamentos* para ajudar a estabelecer seus critérios. Você está buscando pequenos sucessos que o conduzirão até seu objetivo principal. Os objetivos menores não podem ser pequenos demais nem insignificantes. Quanto mais você puder alcançar, maior será sua motivação.

Revisão

Examine os motivos que o levaram ao sucesso e como pode melhorar aqueles aspectos que não foram tão bons. Tente ser específico em vez de dizer simplesmente que tal coisa "foi boa ou ruim". A análise o ajuda a aprender com a experiência.

Prêmios

Dê a si mesmo bastante encorajamento. Registrar o progresso, marcar os pontos da lista, ou elogiar e dar a si mesmo um pequeno prêmio, tudo isso age como reforço. Algumas pessoas gostam de fazer uma parada após cada pequena tarefa.

Não se esqueça de comemorar quando o objetivo principal for atingido.

> Corte alguns pedaços de papel.
> Em um lado, escreva uma área importante de sua vida (ex.: família, lazer, trabalho, saúde).
> No outro, escreva alguma pequena mudança nessa área que poderia enriquecer sua vida.
> Estabeleça um roteiro com objetivos menores que poderiam ajudá-lo a atingir seu objetivo principal.

DÊ DIVERSÃO E PRAZER A SI MESMO

Você sabe que ter alguma diversão é bom para seu bem-estar físico e psicológico. Prazer e espontaneidade são as chaves para a auto-expressão. São direitos seus e não precisam ser merecidos. As pessoas amam suas crianças e cuidam delas, fazem com que se divirtam e passem bons momentos e querem motivá-las a fazer da vida uma boa experiência. Geralmente são menos generosas com a "criança que têm dentro si". Mas essa é a parte de uma pessoa que cresce, muda e é criativa. Precisa ser cuidada.

Deixe-me lembrá-lo de que, quando as coisas estão ficando ruins, você deveria:

Parar — Recuar — Divertir-se!

Ainda trago comigo a lembrança de uma querida senhora que foi minha professora quando eu tinha nove anos. No último dia de suas aulas, quando saíamos para as longas férias de verão, ela presenteava cada um de nós com um caderno e nos pedia para escrever, todo dia, alguma coisa que fosse bonita ou maravilhosa. O tipo de educação que nos dava não podia ser medido em exames!

O prazer que nos damos não precisa ser caro nem necessariamente tem de se fazer representar por meio de coisas concretas. Premiar-se com alimentos que engordam ao atingir um objetivo menor em um programa de emagrecimento pode ser contraprodutivo. Planejar uma viagem ao redor do mundo que você sabe que nunca terá condições de fazer, simplesmente porque acha que a merece, só o levará à frustração. Você fará um favor a si mesmo se for realista tanto em relação ao seu estilo de vida quanto àquilo de que realmente gosta, em vez de pensar no que acha que deveria gostar. Isso também se aplica se quiser proporcionar prazer a outros. Não é muito útil fazer uma festa-surpresa para alguém que prefere um jantar tranqüilo a dois, ou um final de semana no campo para quem gosta de praia.

Faça uma lista de prazeres para si mesmo englobando:

1. aqueles que não custam nada.
2. aqueles que custam uma quantia pequena e não causarão problemas financeiros.

Em que ocasiões você daria a si mesmo esses prazeres?

Não espere que outras pessoas proporcionem diversão a você. Tome a iniciativa! A vida em si mesma é o mais precioso presente. Esteja aberto para tudo o que ela pode oferecer. Termino com um velho ditado maori:

Vire seu rosto para o lado do sol e a sombra cairá atrás de você.

Leituras complementares*

Bieber, J. *If Divorce is the Only Way*. Penguin Books Ltd.
Breton, S. *Depressão*. Ágora.
Brennan, R. *Alexander Technique*. Element Books.
Fast, J. *Linguagem Corporal*. José Olímpio.
Field, L. *Self-Esteem for Women*. Element Books.
Fontana, D. *Estresse, faça dele um aliado*. Saraiva.
Harrison, K. *Vitamins & Minerals in a Nutshell*. Element Books.
Help — a pratical guide to life's ups and downs. HMSO.
Markham, U. *Luto*. Ágora.
Rowe, D. *Dorothy Rowe's Guide to Life*. Harper Collins.
Sutherland, S. *Irrationality — The Enemy Within*, Constable.
Wildwood, C. *Aromatherapy*. Element Books.
Woodall, M. K. *How to Think on Your Feet*. Thorson Business Series.

---

* No caso de livros já publicados no Brasil, colocamos apenas o título de obra em português e sua respectiva editora.

Índice remissivo

adaptação 14-5, 17-9, 21-3, 147
assertividade 51-3, 54-5, 63,130-1
afirmativas, 110-2, 123, 139
aflição
   ativa 16, 37-8, 133-140
   causas 17-23
   passiva 16, 37-8, 140-3
   perfil pessoal 31-8
agressão 51-3,62, 65-6, 124,126
alarme (estado de) 26-7, 29, 40, 80-1, 120, 125
álcool, 42, 117, 119
alimento 42-4
ansiedade 26, 28-9, 52-3, 60, 62, 65, 68, 81-2, 85-6, 88, 105, 113, 116, 118, 121-2, 124
aroma 43-4
aromaterapia 46-7
auto-estima 17, 30-6, 140, 146

café 42, 46, 117, 199
comportamento físico 33-5
comunicação não-verbal, *ver* linguagem corporal
conversa interior 54-66, 98
culpa 62-3, 65, 129-130, 132, 137, 143-4
curva 50

diabinho interior 55, 57, 93, 96-8, 111-2, 138-9, 142

diário 65, 77-8
direitos 39, 132-3, 144, 148
dirigir 126-7
diversão 40-1, 146, 148-9
doença e dor 21-2, 85, 125-7
dor, *ver* doença

emoções 42, 51-3
energia 15-6, 18-20, 36-8, 9, 91-2, 101, 204, 106-7, 110
enfrentamento 15, 33-4, 115, 123-4, 139
ensaio 113-4, 115, 122-4
estresse
   classificação 30-3
   definições 13-4
   Nível Confortável de Funcionamento 36-9
   perfil 33-9
estudo 109, 138
exame do corpo, *ver* listas
exercícios 41-2, 117, 120, 123 *ver também* respiração

fantasia, *ver* visualização
fita cassete 69-70, 95, 102, 127
frases de enfrentamento, *ver* afirmativas
frustração 19-20, 54-5, 64
fumo, 42

gatilhos para alívio de tensão 73-6, 90, 108
gosto 43-4

humor 33-5, 45, 51-3, 55, 57

levantar 50
linguagem corporal 33-4, 50-3, 58-9
linguagem 129-131
listas 61, 64-5, 74, 76, 78, 82, 95
lutar-ou-fujir 24-6
luto (e perda) 17-8, 142

mapa de pensamento 64, 134-5, 147
massagem 93, 101, 118
mudanças de estilo de vida 22

observando os outros 34, 50-1, 80, 128, 137-8
ouvir 43-5

palavras-chave, *ver* afirmativas
perda, *ver* luto
perigo 20-1, 24, 26, 38, 129-130
planejamento 113-4, 135-7, 145, 149
planos de ação, *ver* planejamento
postura 47-53, 98-9, 126
prazeres 135, 148-9

raiva 60-5, 130-1
realizando tarefas 18
relacionamentos 33, 35, 50-3, 54-66, 109, 142-3, 147
relaxamento
respiração, 69-70

esvaziando a mente 96-8
tensões musculares, *ver* tensão
preparação para o relaxamento 93-6
alívios rápidos 86-7, 101, 106, 108, 112, 121, 124, 126
relaxamento deitado 93-5, 101
relaxamento sentado 98-9, 101
relaxamento em pé 99, 101
tensão específica 103-5
exercício enrijeça/relaxe 69-73, 90, 95
relaxamento transicional 105, 107-9
respiração
no desconforto 87-81
exercício 1, 83-5
exercício 2, 87-81, 106, 124
exercício 3, 88-9, 119
exercícios iniciadores, 85-6, 93
revisão 134, 147

saúde 40-2, 44, 148
sobrecarga, *ver* aflição ativa
sono 13, 23, 115-120

tédio 16, 18, 140-1
tensão 26-9, 32, 34, 36, 40-1, 48, 50, 55, 58, 60, 69, 73-4, 77, 79, 82, 84-5, 87, 123-4
toque 43-4, 46, 101, 127
trabalho 13, 22-3, 28, 30, 38, 91-2, 106-7, 110, 141

visão 43-5, 97, 101, 121-5
visualização 97, 101-2, 119, 127
voz 22, 27-8, 52-3, 59

A autora

Rochelle Simmons é psicoterapeuta e consultora, com treze anos de prática e experiência como conferencista sobre controle do estresse, terapia assertiva e psicodrama. Leciona em faculdades de educação e em cursos especiais para professores e profissionais de saúde. Durante vários anos trabalhou com questões de saúde e adolescentes. Foi presidente do London Community Health Council (Conselho Comunitário de Saúde de Londres), onde se especializou em problemas de saúde mental. É membro do National Council of Psychotherapists (Conselho Nacional de Psicoterapeutas), do National Council for Hypnotherapy (Conselho Nacional de Hipnoterapia), e da British Association for Counselling (Associação Britânica de Consultores).

Fita cassete para relaxamento

A autora gravou fitas cassete para acompanhar uma sessão de relaxamento (lado A) e para ajudar a visualização no relaxamento (lado B). Evidentemente, as fitas são em inglês. Caso haja interesse em adquiri-las, escreva para:

Rochelle Simmons
PO Box 17411
London, NW7 3ZD

Impresso em off set

Rua Clark, 136 – Moóca
03167-070 – São Paulo – SP
Fones: (0XX) 6692-7344
6692-2226 / 6692-8749

com filmes fornecidos pelo editor

LEIA TAMBÉM

ANOREXIA E BULIMIA
Julia Buckroyd

Nos últimos 25 anos, a anorexia e a bulimia transformaram-se em endemias entre os jovens do mundo ocidental. O livro traz informações atualizadas sobre o assunto, que ainda é pouco conhecido e que atinge uma enorme camada de jovens entre 15 e 25 anos de idade. A autora esclarece como a sociedade e a cultura colaboram com a criação dessas doenças, descreve os sintomas, as conseqüências e também como ajudar no âmbito familiar e profissional. REF. 20710.

ANSIEDADE, FOBIAS E SÍNDROME DO PÂNICO
Elaine Sheehan

Milhares de pessoas sofrem de síndrome do pânico ou de alguma das 270 formas de fobias conhecidas. O livro aborda os diferentes tipos de ansiedade, fobias, suas causas e sintomas. Ensina meios práticos para ajudar a controlar o nível de ansiedade e orienta quanto à ajuda profissional quando necessária. REF. 20707.

DEPRESSÃO
Sue Breton

A depressão cobre uma vasta gama de emoções, desde o abatimento por um episódio do cotidiano até o forte impulso suicida. Este guia mostra os diferentes tipos de depressão e explica os sentimentos que os caracterizam, para ajudar os familiares e os profissionais a entender a pessoa em depressão. Ensina também como ajudar a si mesmo e a outros depressivos. REF. 20705.

LUTO
Ursula Markham

Todos nós, mais cedo ou mais tarde, vamos ter de lidar com a perda de alguma pessoa querida. Alguns enfrentarão o luto com sabedoria inata; outros, encontrarão dificuldades em retomar suas vidas. Este livro ajuda o leitor a entender os estágios do luto, principalmente nos casos mais difíceis como os das crianças enlutadas, a perda de um filho ou, ainda, os casos de suicídio. REF. 20712.

TIMIDEZ
Linne Crawford e Linda Taylor

A timidez excessiva interfere na vida profissional, social e emocional das pessoas. Este livro mostra como identificar o problema e como quebrar os padrões de comportamento autodestrutivos da timidez. Apresenta conselhos e técnicas simples e poderosas para enfrentar as mais diversas situações. REF. 20706.

TRAUMAS DE INFÂNCIA
Ursula Markham

Um trauma de infância pode ter sido causado pela ação deliberada de uma pessoa ou pode ter ocorrido acidentalmente. A autora mostra como identificar esse trauma e como lidar com ele por meio de exercícios e estudos de caso. O número de pessoas que sofreu alguma situação traumática na infância é imenso e a leitura deste livro poderá ajudá-las a superar e a melhorar sua qualidade de vida. REF. 20709.

VÍCIOS
Deirdre Boyd

Os vícios – álcool, drogas, sexo, jogo, alimentos e fanatismos – constituem um dos maiores problemas a enfrentar atualmente no mundo todo. Eles comprometem a vida de pessoas de idades e classes sociais variadas, tanto as adictas quanto seus familiares e companheiros. O guia mostra os últimos estudos sobre as origens dos vícios, suas similaridades e como lidar com cada um deles. REF. 20711.

------------------- dobre aqui -------------------

ISR 40-2146/83
UP AC CENTRAL
DR/São Paulo

CARTA RESPOSTA
NÃO É NECESSÁRIO SELAR

O selo será pago por

SUMMUS EDITORIAL

05999-999 São Paulo-SP

------------------- dobre aqui -------------------

CADASTRO PARA MALA-DIRETA

Recorte ou reproduza esta ficha de cadastro, envie completamente preenchida por correio ou fax, e receba informações atualizadas sobre nossos livros.

Nome: _____ Empresa: _____
Endereço: ☐ Res. ☐ Coml. _____ Bairro: _____
CEP: _____ - _____ Cidade: _____ Estado: _____ Tel.: (___) _____
Fax: (___) _____ E-mail: _____ Data de nascimento: _____
Profissão: _____ Professor? ☐ Sim ☐ Não Disciplina: _____

1. Você compra livros:
☐ Livrarias ☐ Feiras
☐ Telefone ☐ Correios
☐ Internet ☐ Outros. Especificar: _____

2. Onde você comprou este livro? _____

3. Você busca informações para adquirir livros:
☐ Jornais ☐ Amigos
☐ Revistas ☐ Internet
☐ Professores ☐ Outros. Especificar: _____

4. Áreas de interesse:
☐ Psicologia ☐ Comportamento
☐ Crescimento Interior ☐ Saúde
☐ Astrologia ☐ Vivências, Depoimentos

5. Nestas áreas, alguma sugestão para novos títulos? _____

6. Gostaria de receber o catálogo da editora? ☐ Sim ☐ Não

7. Gostaria de receber o Ágora Notícias? ☐ Sim ☐ Não

Indique um amigo que gostaria de receber a nossa mala-direta

Nome: _____ Empresa: _____
Endereço: ☐ Res. ☐ Coml. _____ Bairro: _____
CEP: _____ - _____ Cidade: _____ Estado: _____ Tel.: (___) _____
Fax: (___) _____ E-mail: _____ Data de nascimento: _____
Profissão: _____ Professor? ☐ Sim ☐ Não Disciplina: _____

Editora Ágora
Rua Itapicuru, 613 Conj. 82 05006-000 São Paulo - SP Brasil Tel (11) 3871 4569 Fax (11) 3862 3530 ramal 116
Internet: http://www.editoraagora.com.br e-mail: agora@editoraagora.com.br